BEIRDD FFOSYDD
Y GWLEDYDD CELTAIDD
1914–18

Beirdd Ffosydd
y Gwledydd Celtaidd
1914–18

Gol: Myrddin ap Dafydd

Dymuna'r golygydd a'r wasg ddiolch o galon:

- i'r awduron i gyd am eu hymchwil a'u hysgrifau, sy'n torri tir newydd
- i Amgueddfa Francis Ledwidge yn Slane am ddeunydd gweledol
- i lawer o deuluoedd y Ro-wen am gymorth gwerthfawr
- i Twm Morys am hau'r syniad ac am bob cymorth a chyngor wrth ei ddatblygu ar hyd y daith

Argraffiad cyntaf: 2014

ⓗ awduron yr ysgrifau

Cyhoeddwyr: Gwasg Carreg Gwlch

Rhif rhyngwladol: 978-1-84527-481-8

Mae'r cyhoeddwyr yn cydnabod cefnogaeth ariannol
Cyngor Llyfrau Cymru

Cynllun clawr: Sion Ilar

Cyhoeddwyd ac argraffwyd gan Wasg Carreg Gwalch,
12 Iard yr Orsaf, Llanrwst, Conwy, LL26 0EH.
Ffôn: 01492 642031 Ffacs: 01492 641502
e-bost: llyfrau@carreg-gwalch.com
lle ar y we: www.carreg-gwalch.com

Cynnwys

Cyflwyniad

Ymysg y deuddeng miliwn a laddwyd yn y Rhyfel Mawr, roedd o leiaf wyth gant ohonynt eisoes wedi gwneud cryn enwau iddynt eu hunain fel beirdd, awduron a dramodwyr. Canran fechan o'r holl filwyr, ond eto dim ond yr 'enwau mawr' oedd y rheiny – gwastraffwyd llawer iawn mwy o egin-dalentau cyn iddynt gyrraedd y llwyfan hyd yn oed.

Mae'r gyfrol hon yn troi at un teulu o wledydd, sef y Celtiaid, gydag ysgrifau am feirdd, baledwyr ac awduron penillion o Gymru, Iwerddon, yr Alban, Llydaw a Chernyw. Pan dorrodd y Rhyfel Mawr yn Awst 1914, nid oedd yr un o'r cenhedloedd hyn yn wlad annibynnol. Roedd eu tiroedd a'u pobl, eu diwylliant a'u hiaith yn rhan ymylol o wladwriaethau ymerodrol Prydain neu Ffrainc. Gwnaed y penderfyniad i ymuno â'r rhyfel mewn canolfannau grym ymhell o'u tiriogaethau; eto roedd angen eu dynion ar y pwerau mawrion i ymuno â'r catrodau a'r merched i weithio yn y ffatrïoedd arfau.

Dywedodd David Cameron, prif weinidog y Deyrnas Unedig ar y pryd, fwy o wirionedd nag roedd yn ei fwriadu pan anogodd yr Alban yn Chwefror 2014 i wrthod y syniad o annibyniaeth 'er mwyn i Brydain gael llais amlwg yn y byd a'i bethau'. Does dim ond angen edrych ar hanes rhyfeloedd yr ymerodraeth i weld mai Llundain piau'r llais ac mai lle y cyrion Celtaidd yw cyflwyno'r milwyr traed i ateb gofynion ei byddin lle bynnag y bydd yn dewis ymyrryd ynddo ym mhedwar ban byd.

Yn y gyfrol hon, clywn leisiau'r milwyr hynny a fu eu hunain yn rhan o'r Rhyfel Mawr ei hun. Cawn gip ar yr hyn a'u cymhellodd i ymuno â'r gwahanol fyddinoedd; cawn deimlo'u hiraeth a'u cariad at deulu, bro a gwlad. Cawn hefyd olwg noeth ar fywyd milwr – y brawdgarwch a'r budreddi. Mewn rhai achosion, cawn gydymdeimlo â'u dadrithiad a'u dicter pan welant mor ofer ac mor wastrafflyd oedd y rhyfel.

Drwy'r cyfan, cawn weld mai Celtiaid oeddent. Oes, mae yma hen falchder yng ngwroldeb y cenhedloedd hyn ac mae tinc yr hen ganu clasurol arwrol i'w glywed fwy nag unwaith, gyda'r pwyslais ar ffyddlondeb a dewrder ar faes y gad. Mae'r rhan fwyaf o gynnwys y gyfrol hon yn cyfeirio at gerddi sydd wedi'u cyfansoddi yn yr ieithoedd Celtaidd. Er nad oedd pob un o bell ffordd wedi cael addysg ffurfiol yn ei famiaith, oherwydd polisïau gormesol Lloegr a

Mae'r poster recriwtio arbennig hwn yn dangos ffiniau rhwng Lloegr a'r Alban a Chymru – gan awgrymu'n weledol y byddai'r Cymry, yr Albanwyr a'r Gwyddelod yn ymladd dros eu gwledydd eu hunain, hyd yn oed os oeddent yn rhan o'r un deyrnas.

Ffrainc, roedd canu yn eu hiaith eu hunain yn bwysig iddynt. Mae llawer o'r cerddi hyn yn dangos nodweddion y diwylliant llafar – efallai nad oedd gan yr awduron fodd cyfleus o gofnodi ar y pryd, neu efallai eu bod yn anllythrennog, ond roedd ganddynt gyfoeth o fesurau a dewis helaeth o arfau crefft geiriau at eu gwasanaeth, a hefyd y cof nerthol sy'n cyd-fynd â'r diwylliant llafar.

Mae'r cerddi hefyd yn gyson yn gweld ymhellach na

Map Sebastian Müster o wledydd Prydain yn 1550 sy'n nodi'n glir statws Cernyw fel gwlad annibynnol.

jingoistiaeth y propaganda a glywsant pan gawsant eu recriwtio. Yn aml, ymladd dros eu gwledydd cynhenid – nid dros ymerodraethau Prydain a Ffrainc yr oedden nhw. Mae rhai hyd yn oed yn gweld y rhyfel yn gyfle i ddangos aeddfedrwydd eu cenedl ac yn gam cyntaf tuag at ei hannibyniaeth. Mae eraill yn sur wrth sylweddoli na fydd yr ymerodraeth yn trin eu cenedl ddim gwell er bod cymaint o'u cyd-filwyr wedi'u lladd.

Os oedd y Rhyfel Mawr yn drothwy i gyfnod newydd o safbwynt crefydd, sosialaeth, heddychiaeth a llenyddiaeth, roedd hefyd yn drothwy newydd o safbwynt gwleidyddiaeth y gwledydd Celtaidd. Sefydlwyd gwladwriaeth Iwerddon Rydd yn 1922; ffurfiwyd Plaid Cymru yn 1925 a'r *Scottish National Party* yn 1932 a arweiniodd at ddatganoli pwerau i lywodraethau Cymru a'r Alban yn 1997. Sefydlwyd mudiadau dros ddiwylliant ac annibyniaeth wleidyddol i Lydaw ar ôl y Rhyfel Mawr ac yn eu tro, dylanwadodd y pleidiau a'r mudiadau hyn ar wleidyddiaeth Cernyw –

sefydlwyd plaid *Mebyon Kernow* yn 1954 a derbyniodd y Gernyweg statws grŵp lleiafrifol cenedlaethol gan yr Undeb Ewropeaidd yn 2014.

Collwyd cymaint yn ffosydd y Rhyfel Mawr, ac mae hiraeth a galar i'w glywed yn boenus ar dudalennau'r gyfrol hon. O'r gweddillion, cododd gwledydd newydd oedd yn fwy penderfynol o reoli eu tynged eu hunain yn y dyfodol. Wrth i rai o ymerodraethau mawrion Ewrop chwalu, daeth gobaith a gwawr newydd i hen ddiwylliannau'r Celtiaid.

Poster recriwtio wedi'i anelu'n benodol at Wyddelod

Myrddin ap Dafydd,
1 Mai, 2014

Beirdd Gaeleg y Rhyfel Mawr

Eilidh NicGumaraid

Recriwtio a Cholledion yr Ucheldiroedd o'r Ynysoedd
Yng nghyflwyniad y gyfrol ar hanes y Rhyfel Mawr ar
gymdeithasau Gaeleg (1982), dywedir:

> Nid oes llawer o'r rhai fu'n ymladd bellach yn fyw,
> ond er gwaethaf hynny, mae enwau y Somme, Ypres,
> Gallipoli a'r *Iolaire* ar gof a chadw o hyd. Cenir
> caneuon fel *'An Eala Bhàn'* (Yr Alarch Gwyn) o hyd ...

Mae'r Rhyfel Byd Cyntaf yn un o'r cyfnodau allweddol
wrth geisio deall hanes y byd modern. Dyma pryd y
gwelwyd newidiadau enfawr ym mhob gwlad ac ym mhob
diwylliant, a hynny ar bob ochr i'r ymladd – boed hynny
dros y Kaiser neu yn ei erbyn.

Ymladdwyd y rhyfel hanner canmlynedd ar ôl y 'Clirio
Mawr' yn yr Ucheldiroedd a bu'n ergyd drom arall i
ddiwylliant y Gael. Gyda cholledion gwledydd Prydain yn
745,000, roedd 130,000 o'r rheiny'n dod o'r Alban.

Roedd nifer y rhai recriwtiwyd yn uwch yn yr Alban nac
mewn rhannau eraill o wledydd Prydain. Defnyddiwyd yr
Alban fel maes ffrwythlon ar gyfer recriwtio oherwydd
delwedd hanesyddol y milwr Albanaidd, fel y mynegodd
Kitchener:

> Credaf nad oes ond angen rhoi ar ddeall i'r Albanwyr
> bod eu gwlad eu hangen ar frys ac y byddant yn
> cynnig eu gwasanaeth gyda'r un gwladgarwch
> ysblennydd ag a ddangoswyd ganddynt yn y
> gorffennol ...

Hel y Gaeliaid oddi ar diroedd traddodiadol y clans

Y 'Clirio Mawr'

Digwyddodd y Clirio Mawr o ganlyniad i amgáu tiroedd comin oedd yn eiddo etifeddol y clans yn ystod y 18fed a'r 19eg ganrif – tirfeddianwyr uchelwrol oedd yn bennaf gyfrifol am hyn a chaent bob cymorth gan y llywodraeth a roddai gymorthdaliadau iddynt adeiladu ffyrdd a phontydd ar gyfer y farchnad ddefaid. Gorfodwyd yr hen gymdeithas i adael y glynnoedd a'r cymoedd ac i setlo ar yr arfordir neu adael ar longau i Ogledd America, Awstralia neu Seland Newydd. Dyma'r *'Highland Clearances'* yn Saesneg, ond mewn Gaeleg, cyfeirir atynt fel *Fuadach nan Gàidheal*, 'alltudiaeth y Gael'. Gadawodd y cyfan chwerwedd mawr ymysg poblogaeth draddodiadol yr Ucheldiroedd a'r Ynysoedd, yn arbennig gan fod rhai teuluoedd wedi'u troi allan o'u tai mewn dulliau ffiaidd a garw. Bu rai farw o newyn neu oerfel yng ngweddillion eu hen dai ac ar un adeg câi cymaint â 2,000 o deuluoedd y dydd eu troi allan o'u cartrefi. Ar ddechrau'r 20fed ganrif, amcangyfrifir bod 100,000 o siaradwyr Gaeleg yn Cape Breton, Nova Scotia yn unig.

Addawodd y Llywodraeth y byddai Prydain 'yn wlad deilwng o'i harwyr', gyda gwobr o dyddyn i bob Ucheldirwr pan fyddai'n dychwelyd o'r rhyfel. Byddai'r Bwrdd Amaeth yn goruchwylio dosbarthiad tir i gyn-filwyr yn dychwelyd – ac yn dilyn gormes y Gwagio, roedd y newydd hwn yn cael ei groesawu'n fawr. Credai'r milwyr y byddent yn dod yn ôl i sicrwydd crofft a rhent teg ar y tiroedd comin, ond cawsant ar ddeall yn y diwedd mai dim ond y rhai oedd yn medru fforddio prynu daliad fyddai'n cael darn o dir. Roedd y prisiau o gyrraedd y mwyafrif ac arweiniodd y siom a'r dadrith hwn at derfysgoedd yn yr Ucheldiroedd a'r Ynysoedd ac yn y diwedd at fwy fyth o ymfudo.

Ymunodd dros hanner miliwn o Albanwyr â'r lluoedd arfog a bu farw dros chwarter y rheiny. Dioddefodd y cymdogaethau bychain ar yr ynysoedd golledion dirfawr – lladdwyd dros 300 o ddynion Skye rhwng 1914 a 1918; bu farw 1,151 o'r 6,712 a listiodd o Ynys Lewis. Roedd 20% o boblogaeth dynion yr Ynysoedd wedi ymuno â'r fyddin – 14% oedd y ffigwr drwy wledydd Prydain. Gellir yn rhwydd fwrw amcan bod y rhan fwyaf o'r rhai a gollwyd yn siaradwyr Gaeleg a gellir dychmygu'r effaith a gafwyd ar yr iaith pan ymfudodd 3,000 yn rhagor o gyn-filwyr o Lewis yn y blynyddoedd yn union ar ôl y rhyfel.

Effaith y Rhyfel Mawr

Yn ôl Thomson (1990), roedd y rhyfel yn gyfnod pwysig i lenyddiaeth Aeleg:

> Y ffin rhwng y ddau fyd yw Rhyfel 1914-1918. Roedd ein llenyddiaeth yn profi adfywiad cyn hynny… a chawn weld bod rhai o'r lleisiau newydd cynharaf yn dod o feysydd y gad yn Ffrainc.

Yn ôl Black, bu farw cyhoeddi masnachol mewn Gaeleg ar

ddiwedd y Rhyfel Mawr ac ni wnaeth y darnau byrion a welodd olau dydd ddim byd ond dychwelyd at arddull draddodiadol y 19eg ganrif a chynt. Dywed na welwyd unrhyw ddatblygiad nodedig nes sefydlwyd *Gairm*, ('Galwad' – cylchgrawn llenyddol Gaeleg a sefydlwyd yn 1951), ond ar y llaw arall mae'n cydnabod 'bod cerddi ar gael gan filwyr y ffosydd… barddoniaeth anhunanymwybodol y byd go-iawn, a'i ddiben oedd cyfathrebu yn hytrach na chreu argraff.'

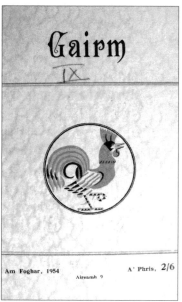

Newidiodd cymeriad gwleid-yddol yr Alban yn ogystal, gyda thuedd at sosialaeth. Aeth y mudiad cenedlaethol i'r cysgod wrth i haul tanbaid yr ymerodraeth dywynnu dros y wlad ar ddechrau'r rhyfel. Rhoddwyd y syniad o hunanlywodraeth o'r neilltu oherwydd cryfder y teimlad o fod yn rhan o Brydain.

Cafodd y rhyfel – y rhyfel gyntaf ar raddfa ddiwydiannol o'r fath – effaith ar deimladau a meddyliau pobl ar draws y byd, ac esgorodd ar lawer o lenyddiaeth: peth mawl a pheth beirniadaeth lem. Ond gellir dweud mai barddoniaeth yw llenyddiaeth amlycaf y rhyfel. Clywsom i gyd am y 'Beirdd Rhyfel' yn yr ysgol – rydym yn gyfarwydd ag enwau Siegfried Sassoon, Wilfred Owen, Rupert Brook, Robert Graves a'u tebyg. Ond faint o waith beirdd Gaeleg oedd yn cael eu hastudio yn yr Alban? Nid yw enwau John Munro, Murdo Murray a'u tebyg ar flaen y tafod wrth feddwl am farddoniaeth rhyfel.

Dywedodd Thomson mai Munro oedd y bardd mwyaf agored i ddylanwadau newydd wrth ddisgrifio llenyddiaeth

Aeleg. Ei gerdd *'Ar Tìr 's Ar Gaisgich* a *Thuit sna Blàir'* (Ein Gwlad a'n Harwyr a Gwympodd yn y Gad) meddai, 'yw egin gorau barddoniaeth "newydd" y ganrif. Mae'i newydd-deb yn ei mesur a'i rhythm a'i hadeiladwaith...' Gwelir nad dim ond syniadau'r bardd oedd yn newid, ond tinc ei gerddi yn ogystal – yn troi cefn ar arddull glasurol yn wyneb dylanwadau'r byd oedd ohoni. Mae hyn yn amlwg iawn yng ngwaith Munro.

Yn ei gyfrol *An Tuil*, dywed Ronald Black bod delfrydiaeth ramantus yn cael ei 'chwalu gan realaeth y Rhyfel Byd Cyntaf. Gwelir y realaeth honno ar ei gorau yng ngherddi Donald Goch o Corùna.' Mae'n honni y byddai rhamantiaeth wedi parhau'n elfen gref o farddoniaeth Aeleg oni bai bod 'y Rhyfel Byd Cyntaf wedi'i sathru mor ddidrugaredd'. Dywed bod cerddi'r milwyr yn y ffosydd yn dangos y byd fel yr oedd yn hytrach nag yn ceisio creu argraff dda o'r rhyfel. Yn ei ddeg cerdd am y rhyfel, dywed fod Donald Goch yn dangos:

> drwy'r llygad, y teimlad, y glust a hyd yn oed y synnwyr arogli sut brofiad oedd gorymdeithio i'r ffrynt, gorwedd yn effro ar noswyl brwydr, mynd dros y top, cael dy andwyo gan nwy a chael dy amgylchynu gan feirwon a chymdeithion Gaeleg ar farw, ac yn y blaen, a'r cyfan wedi'u cydblethu â golygfeydd o hela ceirw, yr ymlid symbolaidd, traddodiadol ...

Yn *Songs of Gaelic Scotland* (2010), dywed Anne Lorne Gillies am y gerdd *'Òran don Chogadh'* (Cân Ryfel), Peter Morrison, er bod iddi uniongyrchedd darn 'wedi'i sgriblo ar gefn paced o ffags ... [y mae] iddi grefft lân, gyda chytseinedd mewnol a phrifodlau cyson ... Credaf ei bod, megis *'An Eala Bhàn'* (Yr Alarch Gwyn), gystal ag unrhyw farddoniaeth ryfel fodern mewn unrhyw iaith'. Mae'n rhyfedd fod cynifer o academyddion eraill yn anwybyddu'r gainc hon o lenyddiaeth Aeleg.

Y Rhyfelwr Gaelaidd

Mae hen goel gyffredinol bod y Gaeliaid yn wyllt a rhyfelgar – mae'r syniad hwn yn deillio o gyfnod y Rhufeiniaid pan fethodd eu byddinoedd â threchu'r Pictiaid er iddynt lwyddo i dawelu llwythau Celtaidd de Prydain. Y diwedd fu iddynt godi Mur Hadrian i atal y Pictiaid rhag ymosod ar diriogaethau deheuol. Dros y canrifoedd, ystyriwyd y Gaeliaid fel cenedl ryfelgar – cleddyfwyr medrus, bob amser yn barod i ymladd. Ategwyd y

Milwr o'r Ucheldiroedd yng nghyfnod Bonnie Prince Charlie

gred hon oherwydd bod gan bob pennaeth clan ei fyddin bersonol ac oherwydd y byddinoedd anferth a gasglwyd gan arweinwyr canoloesol yr Alban wrth amddiffyn eu gwlad yn y rhyfeloedd niferus yn erbyn y Saeson.

Mae llenyddiaeth Saesneg yn portreadu'r Gael yn yr un modd yng ngweithiau Walter Scott, William Black a Neil Munro. Scott a ddarluniodd anrhydedd y Gael, ei barodrwydd i roi chwarae teg i'w elynion ac i beidio â defnyddio 'blaen y cleddyf, a llai fyth ar bistol a dager' ac i ymatal rhag rhoi clwyf marwol 'os gallent wneud hynny'. Efallai mai yng ngwaith Robert Louis Stevenson, *Kidnapped* y cawn yr olwg ramantaidd gyntaf ar y Gael: caiff Alan Breck Stewart ei gyflwyno fel dyn rhyfelgar ond rhamantus:

> ... natur danllyd, ei barodrwydd i deimlo diffyg parch neu sarhad, neu falchder a'i ymffrost cynhenid ac

Y gofeb ar rostir Culloden

amrwd... Ei ffordd o ddangos ei deimladau hefyd, er yn ormodol ar brydiau, eto'n ddynol ac yn nodwedd o'r hyn a elwir yn gymeriad Celtaidd.

Ymysg yr Albanwyr, roedd gan yr Ucheldirwyr enw am fod yn ymladdwyr. Oherwydd natur eu cynefin, roeddent yn medru brasgamu ymhell dros diroedd geirwon, i fyny ac i lawr y llethrau, drwy bob math o dywydd. Fel arfer, byddai pob dyn ym mhob clan yn cario arfau, er mwyn amddiffyn eu hanrhydedd a'u hawliau yn nannedd y tylwythau eraill. Parhaodd y drefn hon nes chwalfa fawr yr Ucheldiroedd yn dilyn brwydr Culloden (1746) pan drechwyd cefnogwyr Bonnie Prince Charlie gan fyddin y Llywodraeth. Cyn Culloden, câi'r Gaeliaid eu galw'n 'anwaraidd' ond oherwydd eu teyrngarwch amlwg wrth ymladd dros eu hachos ac oherwydd eu dull anrhydeddus, di-ofn o ymladd, mwyaf sydyn roedd y fyddin Brydeinig yn awyddus i gael catrodau Ucheldirol – y Black Watch oedd y gyntaf – i blismona'r gwylltiroedd gogleddol. Roedd hi'n amlwg y byddai gan y Gaeliaid ddiddordeb mewn ymuno â'r gatrawd oherwydd roedd caniatâd iddynt wisgo cilt yn ei rhengoedd – roedd y wisg draddodiadol honno wedi'i gwahardd gan Ddeddf Dilladu 1747. Ar ben hynny, y ffordd oedd gan Ucheldirwyr o gario arfau yn dilyn y cyfyngiadau oedd arnynt wedi Culloden oedd drwy ymuno â'r fyddin Brydeinig. Mae milwyr o'r Ucheldiroedd wedi ymladd ym mhob rhyfel mawr drwy'r 19eg a'r 20fed ganrif, ac yn arbennig felly yn Waterloo. Yr Ucheldirwyr a wnaeth y cyrch angheuol yn erbyn gynnau'r Rwsiaid yn ystod Rhyfel y Crimea.

Daw llawer o ddelweddau'r Gael o chwedloniaeth Geltaidd, ac yn arbennig felly o straeon y Fenian – duwiau, duwiesau ac arwyr megis Cúchulainn a Finn McCool. Finn McCool yw un o arwyr pwysicaf y Gael gan ei fod, fel y Brenin Arthur, yn cysgu gyda'i filwyr ac yn disgwyl am y dydd pan fydd yn dychwelyd i arwain yr Alban i ailfeddiannu'r mawredd a fu. Yn y straeon hyn, mae delweddau'n elfen gref. Yn ôl Curran:

Milwr a swyddog yng nghatrawd y Black Watch, 18fed ganrif

Gall mynyddoedd fod yn fronnau duwies a'r gwynt ei hanadl. Pan fydd arwr yn mentro i goedwig dywyll, gwyddom yn ein mêr bod taith arallfydol ar droed. Delweddau fel hyn sy'n arfogi iaith i drawsnewid unigolyn i fod yn rym yn y bydysawd. Mae pob cenedl yn canfod symbolau o'r fath yng nghynefin eu pobl.

Goroesodd y dull traddodiadol o foli arwyr mewn Gaeleg drwy'r Oesoedd

Canol hyd at ddechrau'r 20fed ganrif. Gyda barddoniaeth gyfoes, gellir dweud mai'r teimlad a geir wrth ddarllen y geiriau sy'n bwysig heddiw, yn hytrach na lluniau wedi'u creu gan eiriau mawl. Mae delweddau'n bwysig i'r Gael, gyda choed, ceirw, eog ac eryr yn cynrychioli grym a chysondeb. Gwelwn fod hyn yn dal yn wir yng ngherddi Gaeleg y Rhyfel Mawr, ond efallai nad yw mor amlwg ag mewn cerddi cynharach. Roedd y beirdd yn ceisio gwarchod ymdeimlad o barhad Gaelaidd, gyda'r arddull yn cyflwyno profiad o'r byd drwy'r traddodiad mawl yn hytrach na thrwy ddychan.

Beirdd Gaeleg y Rhyfel
Ymdrinnir yn bennaf â gwaith y beirdd oedd yn cyfansoddi yn ystod y Rhyfel Mawr ei hun, ond gan i'r rhyfel hwnnw gael cymaint o effaith ar feirdd a gyfansoddai yn union ar ôl y rhyfel, cynhwysir rhywfaint o'r cerddi hynny yn y drafodaeth yn ogystal. Hanesyn unigryw i'r Ynysoedd, ac un o'r trychinebau mwyaf i daro'r cymdogaethau hynny – Ynys

Darlun o longddrylliad yr Iolaire

Lewis yn arbennig – oedd colli llong yr *Iolaire* ar 1af Ionawr 1919.

Ar 31ain Rhagfyr 1918, hwyliodd *HMS Iolaire* o Kyle of Lochalsh yn hwyr yn y dydd, gan gario llu wrth gefn y Llynges oedd yn dychwelyd i'w cartrefi ar gyfer dathliadau'r flwyddyn newydd. Am hanner awr wedi dau y bore, trawodd y llong yn erbyn creigiau 'The Beast of Holm', ychydig lathenni o'r lan a dim ond milltir o ddiogelwch harbwr Stornoway. Roedd y llong wedi'i gorlwytho â theithwyr gan fod cymaint mor frwd i weld eu teuluoedd unwaith eto – nid oedd ar y llong ddim ond digon o siacedi achub ar gyfer traean o'r rhai ar ei bwrdd. O'r 280 oedd arni (dyna'r ffigwr swyddogol), collwyd 205 (7 o Ynys Harris a'r gweddill o Ynys Lewis). Dywedir nad oedd yr un pentref ar Lewis nad oedd wedi colli o leiaf un dyn yn y drychineb. Nid yw'n glir pam fod yr *Iolaire* ychydig oddi ar ei chwrs. Roedd hi'n noson stormus ac mae'n bosibl bod y capten wedi bod yn yfed. Y llyfr gorau sy'n adrodd y stori'n llawn yw *When I Heard the Bell: The Loss of the Iolaire* gan John MacLeod. Roedd effaith y golled cymaint â'r rhyfel ei hun a chyfansoddwyd nifer o gerddi am y digwyddiad yn union ar ôl y rhyfel.

O'r rhestr sy'n dilyn, y rhai amlycaf a'r rhai y mae eu cerddi rwyddaf i gael gafael arnynt yw Donald MacDonald ('Donald Goch o Corùna'), Murdo Murray a John Munro.

Peter Morrison (Pàdraig Moireasan) (1889-1972), Grimsay, Gogledd Uist. *An Tuil* ac ar wefan *Bliadhna nan Òran*.
Ganwyd Peter Morrison ar 17 Hydref 1889 yn Yellow Point, Grimsay, North Uist, plentyn cyntaf Archibald Morrison, teiliwr, tyddynwr a physgotwr o Ynys Steaphain, a'i wraig Mary Campbell o'r Rubhaichean. Fel amryw o'i gyfnod, ei brofiad cyntaf o'r byd y tu hwnt i'r ynysoedd oedd gwersylloedd haf y Fyddin Diriogaethol. Yn ystod 1908-10 bu'n gweithio ar y rheilffyrdd yn Gourock, ac yna treuliodd

bedair blynedd ar y môr. Pan gyhoeddwyd rhyfel yn 1914, ymunodd â'r Lovat Scouts, a phrofodd erchyllterau Gallipoli, yr Aifft, Salonika a Ffrainc, gan gael ei ddyrchafu'n gorporal. Wedi'r rhyfel, dychwelodd i Grimsay i weithio fel tyddynwr a physgotwr a phriododd Flora Maccorquodale o Kallin, Grimsay yn 1922. Cawsant bedwar o blant. Hyd 1930, roeddent yn byw yng nghanolbarth yr Alban, lle enillai Peter ei fywoliaeth mewn ffatri a iard longau yn ôl y galw. Hyd 1945 gweithiai ar safleoedd adeiladu yn Glasgow yn y gwanwyn a dychwelyd at waith y crofft yn yr hydref. Bu farw yn Kallin ar 7 Gorffennaf 1978.

John Munro (Iain Rothach) (1889-1918), Swordale, Point, Lewis. *An Tuil, An Dileab* a *Luach na Saorsa.*

Ganwyd John Munro ar 10 Rhagfyr 1889 yn Swordale, Point, Lewis, yn fab i bysgotwr, John Munro a'i wraig, Margaret Macleod. Cafodd ei addysgu yn Ysgol Knock, Aignish lle treuliodd beth amser yn ddisgybl-athro a Sefydliad Nicholson, lle roedd yn gyfoeswr a chyfaill i Murdo Murray. Roedd ganddo frwdfrydedd mawr at bob tasg a darllenai lenyddiaeth Saesneg yn helaeth. Derbyniodd radd MA ym Mhrifysgol Aberdeen yn 1914 a dechreuodd hyfforddi ar gyfer y weinidogaeth, ond torrwyd ar draws ei fwriadau gan y rhyfel. Aeth i Ffrainc gyda'r 4ydd Seaforth Highlanders yn Hydref 1914 gan dreulio'r rhyfel cyfan yn y ffosydd gyda hwy. Enillodd y Groes Filwrol am ei ddewrder pan fu bron i'w gatrawd gael ei hamgylchynu yn 1918. Dridiau'n ddiweddarach, ar 16 Ebrill, cafodd ei ladd ar faes y gad. Dim ond tair cerdd o'i eiddo sydd wedi goroesi. Yn ôl Murdo Murray, rhan fechan o'i waith yw hynny – credir bod nifer o gerddi wedi'u colli yn Ffrainc a phecyn arall ohonynt wedi'u trosglwyddo i ofal unigolyn anhysbys.

Murdo Murray (Murchadh Moireach) (1890-1964). Back, Lewis. *An Tuil, An Dileab, In Flanders Fields* (Royle) a *Luach na Saorsa.*

Ganwyd Murdo Murray ar 2 Mawrth 1890 yn 18 Back, Lewis, pedwerydd plentyn (i oroesi) y crydd Roderick Murray a Mary Maciver ei wraig, oedd yn hannu o Coll. Gadawodd yr ysgol yn bedair ar ddeg oed, ond aeth yn ôl i fyd addysg flwyddyn yn ddiweddarach gan ymuno â Sefydliad Nicholson yn 1909. Derbyniodd radd MA ym Mhrifysgol Aberdeen yn 1913, a bu'n athro yn Tolsta a Bayble (Lewis) a Lairg (Sutherland). Ymunodd â'r 4ydd Seaforth Highlanders ar ddechrau'r Rhyfel Mawr gan groesi i Ffrainc yn 1915 a chael profiadau o'r ymladd yn Neuve Chapelle. Cofnododd fywyd yn y ffosydd mewn dyddiadur Gaeleg a Saesneg. Cafodd ei wneud yn lifftenant yn Rhagfyr 1915 ond ychydig cyn diwedd y rhyfel derbyniodd anaf difrifol i'w fraich. Yna, aeth yn ôl i ddysgu yn Foyers hyd 1925 a Beauly hyd 1928, pan gafodd ei ddyrchafu'n arolygwr ysgolion i Ross a Cromarty. Priododd â Jean Macinnes, athrawes o Sleat, Skye yn 1921 a buont yn byw yn Viewfield, Strathpeffer. Bu farw yno ar 30 Mai 1964.

Murdo Murray

Un o'i gyfrolau

Donald MacDonald (Dòmhnall Ruadh Chorùna) (1887-1967), Claddach Baleshare, Gogledd Uist. Câi ei adnabod fel 'Llais y Ffosydd' a'i gân *'An Eala Bhàn'* (Yr Alarch Gwyn) yw'r fwyaf adnabyddus o gerddi'r Rhyfel Mawr yn yr Aeleg. Fe'i canodd yn ystod Brwydr y Somme i'w gariad ar y pryd, Magaidh NicLeòid ac mae wedi'i recordio gan amryw o

An Eala Bhàn

Gur duilich leam mar tha mi
'S mo chridhe 'n sas aig bron
Bhon an uair a dh'fhag mi
Beanntan ard a' cheo
Gleanntannan a'mhanrain
Nan loch, nam bagh 's nan srom
'S an eala bhan tha tamh ann
Gach la air 'm bheil mi 'n toir.

A Mhagaidh na bi tursach
A ruin, ged gheibhinn bas-
Co am fear am measg an t-sluaigh
A mhaireas buan gu brath?
Chan eil sinn uile ach air chuairt
Mar dhithein buaile fas
Bheir siantannan na blianna sios
'S nach tog a' ghrian an aird.

Yr Alarch Gwyn

Y dyddiau duon yma,
Mae 'nghalon dan fodrwy drom
Ers imi orfod gadael
Niwl môr am niwl y Somme,
Pentiroedd bach y glannau,
Y loch a'r bae a'r glen
A'r alarch gwyn, mor bell o fan hyn:
Maen nhw mor fyw'n fy mhen.

O Magi, paid torri dy galon
Os af ar fy ngwyneb i'r llawr,
Pa ddyn sy'n dal ei afael
Hyd dragwyddoldeb mawr?
Mae pob dyn byw yn darfod
Fel blodau rhwng cerrig y tai:
Bydd Tachwedd y gwynt yn tocio'u hynt,
Ni welan nhw heulwen Mai.

Tha 'n talamh leir mun cuairt dhiom
Na mheallan suas 's na neoil;
Aig na shells a' bualadh -
Cha leir dhomh bhuam le ceo:
Gun chlaisneachd aig mo chluasan
Le fuaim a' ghunna mhoir;
Ach ged tha 'n uair seo cruaidh orm
Tha mo smuaintean air NicLeoid.

Air m' uilinn anns na truinnsichean
Tha m' inntinn ort, a ghraidh;
Nam chadal bidh mi a' bruadar ort
Cha dualach dhomh bhith slan;
Tha m' aigne air a lionadh
Le cianalas cho lan
'S a'ghruag a dh'fhas cho ruadh orm
A nis air thuar bhith bàn.

Ach ma thig an t-àm
Is anns an Fhraing gu faigh mi bàs
'S san uaigh gun tèid mo shìneadh
Far eil na mìltean chàch,
Mo bheannachd leis a' ghruagaich,
A' chaileag uasal bhbànn -
Gach là a dh'fhalbh gun uallach dhi,
Gun nàire gruaidh na dhàil.

Oidhche mhath leat fhein, a ruin
Nad leabaidh chubhraidh bhlath;
Cadal samhach air a chul
Do dhusgadh sunndach slan
Tha mise 'n seo 's an truinnsidh fhuar
'S nam chluasan fuaim bhais
Gun duil ri faighinn as le buaidh -
Tha 'n cuan cho buan ri shnamh.

Mae'r ddaear o 'nghwmpas fa'ma
Dan genllysg tân y Fall,
Mae'r sieliau yn ffrwydro'n gawod
Ac yn eu mwg dwi'n ddall
A byddar bost ydi 'nghlustiau
Yn rhu y gynnau erch;
Yn yr uffern hon, dwi fel tôn gron:
NicLeoid ydi enw'r ferch.

Mewn ffos ac ar fy nghwrcwd,
Fy nghân wyt ti, fy ngwen;
Drwy'r nos, ti yw fy mreuddwyd
Mewn byd sy'n dod i ben;
Mae f'enaid wedi'i lenwi
Efo bwrn fy hiraeth i;
Mewn lle mor hallt, mae'r coch ei wallt
Mor wyn â dy adain di.

Ond os digwyddith imi
Yn Ffrainc gael fy lladd cyn pryd
A 'nghladdu dan y ddaear
Sy'n dal y miloedd mud,
Fy mendith arnat, Magi,
A gwyn dy fyd drwy d'oes
A phob un dydd foed iti'n rhydd
O alar du a loes.

Nos dawch i ti, fy nghariad,
Mewn gwely melys, mwyn,
Boed iti hedd ac iechyd
Na all y byd mo'i ddwyn;
Rwyf innau'n ffos y gaeaf
A dwrn yr angau'n cau:
Mor bell o'r fan hyn y mae'r alarch gwyn,
Y glen a'r loch a'r bae.

Donald MacDonald
(Dòmhnall Ruadh Chorùna)

Donald Goch

Donald Goch yn ei hen ddyddiau

artistiaid yn cynnwys Donnie Munro, Capercaillie a Julie Fowlis. Derbyniodd ychydig o addysg ar ei ynys enedigol, North Uist – ond addysg Saesneg oedd honno. Ni ddysgodd ddarllen nac ysgrifennu yn ei famiaith ond dechreuodd gyfansoddi cerddi llafar yn dair ar ddeg oed. Canodd faledi yn ffosydd y Rhyfel Mawr a daethant yn boblogaidd ymysg ei gyd-filwyr. Dychwelodd o'r rhyfel i weithio fel saer maen gan godi dros ddeg ar hugain o dai ar Ynys Uist. Priododd Annie MacDonald yn 1922 a chawsant fab a merch. Yn ffodus, llwyddwyd i gofnodi'i gerddi oddi ar ei gof ychydig cyn iddo farw. *Dòmhnall Ruadh Chorùna, An Tuil* ac ar wefannau *Làrach nam Bàrd* a *Bliadhna nan Òran*.

Roderick MacKay (Ruaridh MacAoidh) (1872-1949), Illeray, North Uist. *An Tuil* ac ar wefan *Bliadhna nan Òran*. Ganwyd Roderick MacKay ar 16 Tachwedd 1872 yn Geàrraidh Chnoc an Torran, Paible, North Uist, yn blentyn hynaf i Alexander Mackay, o Knockline a'i wraig, Ann Macaulay o Knockintorran. Roedd ei dad ac Alick, ei frawd hefyd yn mydryddu, ond ni chadwyd dim o'u gwaith. Dechreuodd gyfansoddi caneuon yn dair ar ddeg oed. Ymunodd â'r Cameron Highlanders yn ystod y Rhyfel Mawr ond cafodd ei ryddhau oherwydd ei fod yn dioddef yn ddrwg gan asma. Bu'n glerc mewn ffatri ar stad North Uist am gyfnod – gwaith oedd yn cynnwys casglu rhenti gan y crofftwyr. Cylchdeithiai'r ynys yn gyson gan aros ar aelwydydd teulu a chyfeillion. Roedd yn byw – yn hen lanc – yn Aird Illeray erbyn 1939, a bu farw yno ar 9 Chwefror 1949.

Duncan Johnston (Donnchadh MacIain) (1881-1947), Lagavulin, Islay. *An Tuil, Crònan nan Tonn* ac ar wefan *Bliadhna nan Òran.*

Donald John Morrison (Dòmnall Iain Moireasdan) (?-1951). Braggar, Lewis. *Eilean Fraoich* ac ar wefan *Bliadhna nan Òran.*

Angus MacLeod (Aonghas MacLeòid), Carlaway, Lewis. *Eilean Fraoich.*

Murdo Morrison (Murchadh Moireasdan), Siadar, Barvas, Lewis. *Eilean Fraoich.*

Donald MacPhail (Dòmhnall MacPhàil) (1892-1916), Gravir, Lewis. *Eilean Fraoich* ac ar wefan *Bliadhna nan Òran.*

Thomas Donald (T. D.) MacDonald (T. D. MacDhòmhnaill) (1864-1937). Appin, Argyll. *Dàin agus Dealbhan-fhacail an àm a' Chogaidh.*

Dau fardd oedd yn cyfansoddi yn union ar ôl y rhyfel ac sydd yr un mor bwysig gan eu bod yn bwrw golwg yn ôl neu'n cofio (ac efallai fod hyn amlycaf yng ngherddi Kirsty MacLeod):

Kirsty MacLeod (Ciorstaidh NicLeòid) (1880-1954), Bayble, Point, Lewis. Roedd ei gŵr yn y fyddin yn ystod y rhyfel. *An Tuil* ac *An Sireadh.*
Ganwyd Kirsty Macleod ar 30 Gorffennaf 1880 yn 40 Upper Bayble, Point, Lewis, yr ieuengaf o naw o blant Hector Macleod, tyddynwr a physgotwr o Lower Bayble, a'i wraig Catherine Macdonald o 30 Upper Bayble. Dim ond Kirsty o'r aelwyd honno a dderbyniodd addysg uwchradd ac aeth ymlaen i fod yn athrawes yn Melvich, Sutherland, ac yn Ysgol Fishcross, Alloa. Yn 1907 priododd â Kenneth Macleod o Tolsta Chaolais, darlithydd yn y clasuron yn Academi Lasswade. Cawsant chwech o blant. Yn ystod y

Rhyfel Mawr gwasanaetha'i gŵr gyda'r 4ydd Seaforth Highlanders yn Ffrainc a Mesopotamia, gan ddringo i fod yn gapten erbyn iddo gael ei ryddhau o'r lluoedd yn 1919. Fel gwraig, mam ac athrawes, roedd ganddi ddeng mlynedd o brofiad o'r rhyfel – mae'i cherddi'n cynrychioli'r rhai oedd yn poeni ac yn disgwyl am newyddion gartref. Bu farw yn Inverness ar 19 Gorffennaf 1954.

Murdo MacFarlane (Murchadh MacPhàrlain) (1901-1982). Melbost, Lewis. *An Tionneamh Dìomhair, An Tuil* a *Dàin Mhurchaidh* ac ar wefannau *Làrach nam Bàrd* a *Bliadhna nan Òran.*

Ganwyd Murdo MacFarlane ar 15 Chwefror 1901 yn Melbost yn ardal Eye, Lewis, yn bumed plentyn i Malcolm Macfarlane, pysgotwr o Melbost, a'i wraig Johanna. Addysgwyd Murdo yn Ysgol Knock, lle cafodd hyfforddiant mewn Saesneg, Lladin ac ychydig o Ffrangeg, ond dim Gaeleg. Yn ddiweddarach yn ei fywyd, dysgodd ei hun i ddarllen rhywfaint o Aeleg. Ymfudodd i Ganada ond dychwelodd o beithdir Manitoba yn 1932 wedi'i ddadrithio. Treuliodd weddill ei fywyd yn grofftwr ond gan wasanaethu yn y fyddin yn 1942-5. Bu farw'n hen lanc yn Tong ar 7 Tachwedd 1982.

Cynnwys y Cerddi

Mae nifer o'r testunau sy'n ymddangos yn y cerddi yn adlewyrchu meddylfryd draddodiadol y Gael, gyda'u treftadaeth hir o ganeuon a cherddi arwrol. Y prif destunau sydd i'w gweld yn y cerddi rhyfel yw:

Serch – gwahanol agweddau; cariad at gartref (gan gynnwys hiraeth); cariad at gariadon a gwragedd a chariad at fam.

Cyfeillgarwch – gall hyn gynnwys enghreifftiau o'r uchod. Perthynas rhwng aelodau o'r teulu; rhwng y milwr a'i gartref; y milwr a'i gyd-filwyr, a rhwng y milwr a'i wn.

Hiliaeth –yn deillio o ddull y beirdd o ddelio gyda'r syniad o elyn, yr Almaenwyr fel arfer, ond cyfansoddodd un bardd yn Gallipoli ac, wrth gwrs, y Twrciaid oedd y gelyn iddo ef.

Gwladgarwch – ai ton o Brydeindod o yrrodd y gwŷr ifanc i Ffrainc? Neu a oedd yn deillio o syniad dyfnach am draddodiad rhyfelgar y Gael?

Arwriaeth – delwedd yr Ucheldirwyr fel arwyr, yn fedrus ar faes y gad. Ystyrir y syniad bod cyfraniad y milwyr Gaelaidd yn bwysig i sicrhau buddugoliaeth yn y rhyfel.

Heddychiaeth – enghreifftiau o heddychiaeth yng nghanu'r Gael, neu a oedd hyn yn ddieithr i'r Ucheldirwyr?

Darluniau o fywyd milwr – edrych ar farwolaeth, colli cyfeillion a'r ddelwedd arwrol o angau.

Clwyfau – ymateb y beirdd Gaeleg i anaf yn hytrach nac angau. Roedd hyn yn wahanol i'r hyn a geir mewn barddoniaeth Saesneg.

Meddyliau am ryfel – enghreifftiau o ble mae meddyliau a theimladau am y rhyfel yn newid, fel arfer o wladgarwch i chwerwder. Efallai nad elfen Aeleg ydi hon?

Natur – tirwedd, anifeiliaid a hela. Cyfeiriadau'n ôl at yr hen ganu mawr arwrol traddodiadol.

Marwnad – ceir marwnadau, yn fwy cyffredin ar ôl y rhyfel efallai, ac yn arbennig ar ôl colli'r *Iolaire*.

Caneuon, mae'n debyg, oedd y rhan fwyaf o'r cerddi a gyfansoddwyd yn ystod y rhyfel – yn arbennig baledi Dòmhnall Ruadh Chorùna. Maent wedi'u cyfansoddi yn bennaf yn yr hen arddull draddodiadol gydag odlau cyrch a delweddaeth glasurol y canu Gaeleg cyn 1900. Mae'n rhaid cofio nad oedd y rhan fwyaf o'r beirdd yn medru ysgrifennu na darllen – Dòmhnall Ruadh yn enghraifft dda unwaith eto – a byddai'r baledi hirion yn cael eu cario o dŷ ceilidh i dŷ ceilidh. Hyd ddiwedd y rhyfel, roedd y fydryddiaeth a'r arddull yn draddodiadol iawn, hyd nes y dechreuodd John

Munro (Iain Rothach) ddefnyddio *vers libre* a phan ddechreuodd y ffordd o adrodd stori lafar a chyflwyno cân newid am byth.

An Eala Bhàn (Yr Alarch Gwyn) a cherddi serch

Gellir honni mai Donald Goch gyfansoddodd y gân serch enwocaf mewn Gaeleg yn ystod y rhyfel.

Mae'r elfen hon yn ymddangos mewn nifer o ganeuon. Dyma linellau o '*Òran don Chogadh*' (Cân Ryfel), Peter Morisson:

Ceud soraidh gu Flòraidh, an òigh as barraichte th' ann: ... /'Sair m'fhacal bidh pòg ann cur an t-sòlais gu ceann

... cân i gyfarch Flora, yr eneth orau'n y byd ... /Ac ar fy llw bydd yno gusanau yn benllanw llawenydd

Ac yn '*Sìne Bhàn*' (Sheena Deg), Duncan Johnston, mae'r gytgan yn cynnwys yr un math o deimlad:

Blàth nan Cailean, Sìne Bhàn,/Reul nan nighean, dìleas, òg/cuspair diomhair i do m' dhàn,/Gràdh mo chrìdh, an rìbhinn òg.

Ferch y blodau, Sheena deg/seren y genethod, glas ac ifanc/breuddwyd gudd fy ngwlâu,/feinir annwyl, fy nghyfan oll.

Testunau eraill

Gwelwn gyfeillgarwch rhwng milwr a'i wn yn cael ei ddarlunio yn '*Cha b' e Gunna mo Nàmhaid*' (Nid gwn fy ngelyn oedd hwn), Donald Goch:

'S e gaol na mosgaid a dh'fhàg/Fo ghlas-lamh aig a' Chrùn mi,

Ach nuair rinn mis' a pòsadh,/Nochd rium bròn air a cùlaibh,

On a thug mi bòidean/Gun dèanainn s"Mòrag" a ghiùlan/Gus an tuiteamaid còmhla,/Air no dhan stòdhar a tionndadh

Fy nghariad at fy ngwn/a'm gadawodd yng nghadwyni'r goron, (pennill 29)

Ond pan briodais hi,/buan y daeth galar yn ei sgil, (pen. 31)

Dim ond oherwydd imi dyngu llw/i gario 'Morag' [fy ngwn]/nes y cwympwn gyda'n gilydd,/neu fy mod yn ei rhoi hi'n ôl i'r stôr (pennill 36-37)

Mae'r berthynas rhwng milwr a'i fam yn cael ei darlunio yn *'Smaointean na Màthair'* (Meddyliau Mam), T.D. MacDonald, *'Gu mo Mhàthair'* (I Mam), Donald Goch, a phennill 15 o *'Òran dhan Chogadh'* (Cân Ryfel), Donald:

An oidhche mus deach sinn a-null,/Bha i dhrùidhteach a' sileadh;/Bha mi fhèin nam laighe 'n cùil,/'S thug mi sùil feadh nan gillean

Mae'r golau'n eu llygaid yn sôn am ddiogelwch/wrth fron eu mamau – /Y mamau yn yr Ucheldiroedd Gaeleg/mor ddilawenydd y dyddiau hyn

Wrth lwyfannu eu cerddi, ceir darluniau byw o fywyd yn y ffosydd yn eu llinellau. Dyma destun cerdd Donald Goch, *'Air an Somme'* (Y Somme), ac mae ar ei fwyaf amlwg ym mhenillion 1 a 2:

*Innsidh sealladh-sùl nan àrmann/Cò thug bainne blàth na
cìch dhaibh – /'S ann an Gàidhealtachd nan àrd-bheann/A
tha màrhraichean fo mhìghean
Cuid nan suidhe, 's cuid nan suain,/Cuid a' bruadar 's a'
bruidhinn, ...*

Y noson cyn inni fynd dros y top,/roedd hi'n pistyllio
bwrw/roeddwn yn sypyn mewn cornel/yn edrych ar yr
hogiau (pennill 1)
Rhai ar eu heistedd, rhai'n cysgu'n drwm,/rhai'n
breuddwydio ac yn sgwrsio, ... (pennill 2)

Mae casineb a hiliaeth yn thema gyson mewn
barddoniaeth ryfel. Gellid dweud eu bod yn ymddangos yn
amlycach mewn barddoniaeth ryfel Saesneg na cherddi
Gaeleg, ac mae hwnnw'n bwynt diddorol. Efallai bod
hiliaeth yn amlycach mewn barddoniaeth Saesneg gan fod y
mwyafrif o'r beirdd hynny yn Saeson a'u bod, ar y pryd, wedi
arfer ag ymerodraeth a chael pŵer dros genhedloedd eraill.
Roedd yr Ucheldirwyr, ar y llawr arall, wedi arfer â gormes –
efallai eu bod o'r herwydd yn tueddu i edrych ar y gelyn
drwy lygaid llai llym. Yng ngherdd Peter Morrison, 'Òran

Terfysg crofftwyr ar Ynys Lewis yn 1888

don *Chogadh'* (Cân Ryfel), Twrciaid ac Almaenwyr yw'r gelyn gan fod y gerdd hon wedi'i chyfansoddi yn Gallipoli.

Efallai mai yng ngherdd T. D. MacDonald, *'Do Dhia na Gearmailt'* (I Dduw'r Almaenwyr) y gwelir teimladau eithafol o wrth-Almaenig. Ym mhennill 13 *'Deireadh a' Mhairt'* (Diwedd yr Ymdaith, 1918), T. D. MacDonald, gwelir:

> *Th'n toibheum Ghearmailt na sgainneal,/Bòsd a Cheasair*
> *'dusgadh gràin'/Air fad na Criosdachd uile, 's eadhon/An*
> *dùthch'nan eil' mu'n iadh an sàil*

Mae cabledd yr Almaenwyr yn warthus,/Ymffrost y Kaiser yn deffro casineb/Drwy'r byd Cristnogol, hyd yn oed/Gwledydd eraill wedi'u hamgylchynu gan y môr.

Poster recriwtio o'r Alban

Nodyn diddorol i'w ychwanegu am T. D. MacDonald yw, gan iddo gael ei eni yn 1864, ei fod yn rhy hen i fod yn y fyddin ac o'r herwydd mae mwy o dinc propaganda i'w farddoniaeth nac yn y math a ddaeth allan o'r ffosydd.

Yn *'Òran dhan Chogadh'* (Cân Ryfel), Donald Goch, gwelir ym mhennill 2:

> *... Gu robh Gearmailt gu cealgach/A' tighinn gu marbhteach*
> *gar n-ionnsaigh, ...*

... bod yr Almaenwyr drwy frad/yn dod amdanom yn lofruddgar, ...

Ac ym mhennill 6:

Is daor a phàigheas a' Ghearmailt/Na thuit air Albainn gun èirigh: ... A leth suaraicheadh ur n-euceairt

Bydd yr Almaen yn talu'n ddrud/am feirwon yr Almaen/... am weithredoedd atgas

Mae'r teimlad ar ei gryfaf yng nghân Donald Goch, 'Òran a' Phuinnsein' (Nwy Gwenwynig):

Nam faighinn mar bu mhionnachd leam,/Dhan Ghearmailt gum b' e m' iarrtas – /'S e teine thighinn on iarmailt oirr',/Ga leaghadh sìos gun tròcair

Pe cawn fy nymuniad,/byddwn yn galw am dân o'r nefoedd arno – /fyddai'n ei doddi heb drugaredd

Gwladgarwch

Mynegwyd gwladgarwch Albanaidd yn bwerus yn y ffordd yr oedd y beirdd yn gweld bod Prydain angen y Gaeliaid er mwyn ennill y rhyfel. Yn y blynyddoedd a arweiniai at y rhyfel, roedd mudiad cenedlaethol dros annibyniaeth yn yr Alban ond rhoddwyd hynny o'r naill du yn 1914 a byddai'n deg dweud bod y rhyfel, y teimlad o fod yn unedig ac o fod wedi 'ennill' gyda'i gilydd, wedi amharu ar dwf y mudiad hwn ar ddiwedd y rhyfel. Nid oes llawer o wladgarwch i'w ganfod ymysg y beirdd Gaeleg, na chwaith i ddangos perthynas rhwng yr Alban a gweddill gwledydd Prydain. Yng ngherddi Donald Goch, cyflwynir arwriaeth, nid gwladgarwch. Efallai ei fod yn gweld y rhyfel fel dyletswydd ar y Gael, yn hytrach nag awydd i ymladd dros ymerodraeth. Gwelir hyn yn *'Òran dhan Chogadh'* (Cân Ryfel) pan ddywed:

Ach bha sinne ann ar n-èiginn/A' cur feum air luchd na Gàidhlig,/Na diùnlaich 's na fiùrain threuna ... /Chaidh am fuadach às an dùthaich ... /Dhèanadh cuideachadh san uair leinn/Anns na làithean truagha thàinig

Roeddem mewn gwasgfa arw/roedd angen y Gael arnom,/y rhyfelwyr a'r gwŷr cedyrn ... /y rhai a gollodd eu tiroedd ... /Byddent yn gefn inni ar amrantiad/mewn cyfyngder (pennill 10)

Ac yna ym mhennill 14:

Ged a bha rìoghachd cruaidh oirnn,/Cha leig sinn a bhuaidh le càch oirr', ... /O, cha strìochd sinn fhìn gu sìorraidh/Gus an leagar sìos gu làr sinn;/Gheibh sinn bàs nar deise rìoghail ...

Criw o filwyr o'r Ucheldiroedd yn Southampton cyn croesi am ffosydd Ffrainc

Er bod cyfraith y deyrnas yn ein gorthrymu,/byddwn yn ei hamddiffyn yn erbyn y lluoedd, ... /Na, nid ildiwn fyth/hyd nes y cwympwn ni;/byddwn yn marw yng ngwisg y brenin ...

Yn *'Air Sgàth nan Sonn'* (Er mwyn y rhyfelwyr) dywed Munro:

gun againn ach tuairmeas air cùis/no adhbhar na h-eubh' air son cobhrach/bha cruinneach' feachd-dìon air son dùthch'/air an sgàth-s' chaidh an coinneamh nan uabhas

Er na allem brin ddyfalu yr achos/nac amgyffred y gri am gymorth/a gasglodd yr amddiffynwyr gwlad ynghyd/a aeth trostynt i wynebu erchylltra

Ond canfyddwn yn y llinell olaf ond un nad ffyddlondeb i goron Lloegr sy'n ei yrru, ond cariad y bardd at ei ynys enedigol:

'n-sin cuimhnicheam Leódhas, m' àit-àraich

yna boed imi gofio Lewis, lle treuliais fy mebyd

Yn *'Òran aig Toiseach Cogadh Mòr na h-Eòrpa'* (Cân ar ddechrau'r Rhyfel Mawr yn Ewrop), MacKay y thema yw dyletswydd yn hytrach na gwladgarwch. Gwelir hyn yn y llinell 'gan fod y deyrnas mewn angen' (*Bhon tha 'n Rìoghachd 'na h-éiginn*). Mae'n edliw'r Clirio Mawr i'r llywodraeth Brydeinig, sydd – dim ond deng mlynedd ar hugain yn ddiweddarach, yn gofyn i'r Gael ymladd dros y drefn lywodraethol a ddifethodd ei fröydd:

Nuair a bhagras an nàmhaid,/Air a' Ghàidheal a dh'éighear –

Pan fo gelyn bygwth,/Y Gael sy'n cael ei alw –

Ac:

*Ach nuair cheanglar an t-sìth leibh ... /Cha bhi cuimhn' air
mar smàladh/Thar sàl do thìr chéin sibh*

Ond pan fyddwch chi'n sicrhau heddwch ... /Byddant yn
anghofio eich bod wedi eich hel/Ymhell dros y môr ...

Yn *'Òran Arras'* (Arras), gwelwn:

*Gus ar tìr a dhìon,/Eadar liath is leanabh,/Mar dhaoin' às an
rian/Nì sinn sgian a tharrainn ...*

I amddiffyn ein gwlad,/ŵr llwyd a mebyn,/fel dynion ar
dân/o'u gwain y tynnwn gyllyll ... (pennill 4)

Mae'r angerdd yn y gerdd hon yn debyg i *'Spioraid a'
Chathannais'* (Ysbryd Elusennol), John Smith, ac yn
arbennig felly ym mhenillion 24-28. Dyna'r cof am y ffordd
y cafodd milwyr yr Ucheldiroedd eu trin gan lywodraeth
Llundain ar ôl Waterloo.

Cerdd T. D. MacDonald, *'A' Bhratach tha Dearg, Geal 's
Gorm'* (Y Faner Goch, Gwyn a Glas) yw'r unig gerdd sy'n
cynnwys neges bropaganda arferol, ond hyd yn oed wedyn –
er bod MacDonald yn cyfeirio at symbol imperialaidd y
faner – nid oes ymdeimlad o wladgarwch cryf ynddi. Ni
chyfeirir at Brydain ddim ond mewn un pennill:

*Bho raointeann tha farsuinn 'is tòrrach,/Bho mhonaidhean 's
chladaichean gann,/Bho bhailtean tha beag agus mòra,/Tha
Breatunn a' tionail a clann;/Na fearaibh ri guaillean a
chèile/Gun a dhì oirre fhaotainn ach cothrom,/Is dearbhaidh
iad éuchdan an sìnnséar/Fo'n Bhratach tha dearg, geal 'is
gorm*

O'r gwastadeddau eang a ffrwythlon,/O'r rhostiroedd moel
a'r glannau,/O bentrefi a threfi,/mae Prydain yn casglu'i
phlant ynghyd;/Gwŷr ifanc ysgwydd wrth ysgwydd/heb
ofyn am ddim ond cyfle,/Gan brofi anturiaethau'u
cyndadau/Dan y faner goch, gwyn a glas.

Nid yw hyn yn profi nad oedd ffyddlondeb i'r ymerodraeth
ymysg y Gael, ond gellir honni bod eu gwladgarwch yn cael
ei wisgo gyda delweddau arwrol, ac mae llawer o
enghreifftiau o hynny.

Yn *'Òran aig Toiseach Cogàdh Mòr na h-Eòrpa'* (Cân ar
Ddechrau'r Rhyfel Mawr yn Ewrop), MacKay, gwelwn:

Gus a chumhachd a thilleadh/Feumar gillean nan slèibhtean

I wrthsefyll ei ymosodiad/Maent angen hogiau'r
mynyddoedd (pennill 5)

Tha luchd-àitich nan gleann/A' tarraing lann air an gleusadh

Trigolion y glen/Sy'n codi'r llafnau a hogwyd ganddynt,
(pennill 6)

Siud na fir nach till mùiseag/Gus an sgiùrs iad an Ceusfear

Ni fydd un bygythiad yn codi ofn arnynt/Nes byddant
wedi trechu'r Croeshoeliwr*, (pennill 8)

* Mae'n ddiddorol nodi yma mai'r gair Gaeleg am 'Groeshoeliwr' yw
'Cesar/Kaiser'

*Luchd nam boineidean gorma,/Bhon a dh'fhalbh sinn, cha
ghèill sibh*

Llanciau'r capiau gleision*,/gan eich bod wedi mynd, ni
fydd ildio yno (pennill 11)

* Cyfeiriad hanesyddol at y Jacobiaid, oedd yn gwisgo capiau gleision

Nuair a bhagras an nàmhaid,/Air a' Ghàidheal a dh'èighear

Pan fo gelyn yn bygwth,/Y Gael sy'n cael ei alw (pennill 14)

Yn 'Luach na Saorsa' (Gwerth Rhyddid), Murray, gelwir y
Gael yn 'ryfelwr' ac yn 'Sìne Bhàn' (Sheena Deg), Johnston,
fe'u gelwir yn 'arwyr'. Efallai mai 'Tuireadh nan Treun'
(Canig i'r Dewrion) yw cân fwyaf arwrol Johnston. Ym
mhennill 1 gwelir:

... Na fleasgaich òg, fhiachail, a' shìnear fo'n fhòid ...

... ein hogiau beiddgar, dewr, mor isel yn awr ...

Ym mhennill 2:

... fir threun nam beann àrd,/Luchd breacan-an-fhéilidh ...

Bechgyn gwrol y grug a'r brethyn,/Caledoniaid di-ofn yn
rhengoedd mewn brwydr

Yn 'Òran don Chogadh' (Cân Ryfel), Morrison, gwelir:

... Bidh gillean bha tapaidh a' tuiteamh gun fhacal ...

... Llanciau llawn bywyd a ddisgynnodd heb yngan gair ...
(pennill 5)

*Ach seasaibh mi daingeann ris a' chath a tha teann/Le
Gaidhil a' chruadail tha treun agus buadhach*

Ond saif yn gadarn ar faes i wynebu'r frwydr agos/Gyda'r Gael sydd mor wydn, eofn a buddugoliaethus (pennill 7)

Mae gan Munro hyn i'w ddweud ar ddiwedd rhan gyntaf *'Ar Tìr 's Ar Gaisgich a Thuit sna Blàir'* (Ein Tir a'r Arwyr a Gwympodd mewn Brwydr):

> ... *si Tìr nan Gaisgeach a th' ann,/Tìr nam Beann, nan Gaigeach, 's nan Gleann,/si Tìr nan Gaisgeach a th' ann*

> ... Tir y Mynyddoedd, yr Arwyr, y Glynnoedd,/Dyma Wlad yr Arwyr

Ac mae hefyd yn creu darlun arwrol o'r Gael:

> ... *fear àlainn òg sgairteil,/ait-fhaoilt air chinn a bhlàth-chrìdh,/tric le ceum daingeann làidir,/ceum aotrom, glan, sàil-ghlan ... /le'r ceum gaisgeil, neo-sgàthach, dàna, ... /na lagaichibh, bi'bh làidir ...*

Albanwyr ar feysydd un o'r brwydrau mawr

...gŵr ifanc golygus llawn egni,/a gwres ei galon yn agored groesawus,/yn aml ei gam, yn gadarn a chydnerth,/cam ysgafn, sionc a glân ei sawdl ... /gyda dy gam arwrol, eofn a dewr, ... /paid â llithro, bydd gryf ...

Dyma ran o *'Air Sgàth nan Sonn'* (Er Mwyn y Rhyfelwyr):

Air sgàth nan sonn ... /le greim an làmh, le tlàths an ghùis,/le fàilte 's furan am beòil ... /Cuiream mo bhròn a thaobh/'s air sgàth balachain ar fàrdaich/a dhearbh an làn chridhe laoich,/air sgàth ar n-òg-ghillean maiseach,/dhearbh cridhe agus làmh-dheas maraon,/agus air sgàth nam fear duineil ...

Gyda gafael eu llaw, gyda gwres eu hwyneb,/gydag ewyllys da a chroeso'u gair o'u genau ... /Rhoddaf fy ngalar o'r neilltu,/ac er mwyn bechgyn ein bro/a brofodd holl ddewrder eu calonnau,/er mwyn ein llanciau ifanc golygus,/a brofodd galon a llaw barod,/ac er mwyn y dynion dewr ...

Yn *'Òran dhan Chogadh'* (Cân Ryfel), canodd Donald Goch:

'M fuil a' goil aig meud an uabhair/Nuair a chual' iad gu robh strì ann

Eu gwaed yn curo'n llawen/wrth glywed bod rhyfel (pennill 3)

... Na fir sunndach aotrom òga

...hogiau ifanc hoff o hwyl (pennill 5)

Nuair a ràinig luchd na Gàidhlig ... / ... is iad gur casgair nur mìltean

Pan ddaeth y Gael ... / ... lladdasant chi wrth y miloedd
(pennill 8)

*Ach bha sinne ann ar n-èiginn/A' cur feum air luchd na
Gàidhlig,/na diùnlaich 's na fiùrain threuna ...*

Roedd hi'n arw iawn arnom,/mewn angen dybryd am y
Gael,/y rhyfelwyr a'r gwroniaid dewr ... (pennill 10)

Ym mhennill 6 *'Gu mo Mhàthair'* (I Mam), mae Donald
Goch yn dweud:

*Cha do dh'fhidrig iad anns a' Ghearmailt/Mun ghàrradh
dhùint' bha mun chrùn aig Alba/Luchd na Gàidhlig nan àrd-
bheann gorma,/Na leòmhainn chaoich 's iad fo fhaobhar
marbhteach*

Ni wawriodd arnynt yn yr Almaen/mor gadarn oedd tarian
y goron yn yr Alban/gyda'r Gael o'r bryniau glas uchel,/fel
llewod gwylltion gyda llafnau lladd.

Yn *'Tha mi Duilich, Cianail, Duilich'* (Rwy'n Drist, Galarus,
Prudd) gwelwn:

*A luchd nan èilidhean tartain ... /'S duilich leam nach fhaod
sibh dùsgadh*

Y rhai ohonoch a wisgai'r cilt tartan ... /mae'n fy nhrywanu
i na allwch ddeffro (pennill 3)

'S trom an cadal th' air na fiùrain ...

Mae'r cedyrn yn cysgu'n drwm ... (pennill 6)

*... Crois air a cur suas aig pàirt dhiubh,/Ainm an laoich 'n
siud oirre sgrìobhte ...*

... Codwyd croes uwch ambell un,/gydag enw'r arwr arni ...
(pennill 7)

Mae'r angerdd arwrol ar ei fwyaf pwerus yn *'Na
Camshronaich san Fhraing'* (Y Camerons yn Ffrainc) ac mae
hon yn gân bersonol iawn gan Donald Goch. Canodd y gân
hon ar ôl cael ei glwyfo a gorfod gadael y Camerons. Mae'n
dychwelyd i Ffrainc, ond bellach gyda'r West Riding Field
Regiment ac ymddengys oddi wrth y gerdd hon iddo weld ei
hen gyfeillion drachefn, ac mae'n amlwg bod hynny wedi
cyffroi teimladau o frawdgarwch brwd yn ei galon:

*Luchd nan gàirdeanan treuna/Nach gèilleadh sa mhòd/Fhad
's a dhèanadh an guaillean dhaibh/Bualadh nan dòrn*

Y platŵn cydnerth/na fyddai byth yn ildio/tra bod nerth
yn eu hysgwyddau/i daro ergyd (pennill 1)

'S shìn na fiùrain an ceum/'N coinneamh èigheach a' bhàis

A'r gwŷr gwrol a gamodd yn fras/gan orymdeithio at alwad
angau (pennill 8)

Yn *'Nam Bithinn mar Eun'* (Pe Bawn i'n Aderyn) mae'r bardd
yn canmol ei wlad – gan ddangos pe byddai ganddo'r dewis
y byddai'n ôl adref yn hytrach nag ar feysydd y gad yn Ffrainc:

*... Nuair ruiginn an cuan gu fuarainn Saisainn/Bu shuarach
agam i fhèin/'S cha tighinn gu làr gu bràth gu anail/Gu 'n
tàrrainn fearann nan geug*

... Pan ddown at y môr, croeswn yr ochr wyntog i
Loegr,/oherwydd tydw i ddim yn hidio llawer amdani,/ac
ni fyddwn yn glanio na gorffwys/nes cyrraedd gwlad y
gwroniaid

Mynegir yr un teimladau yn *'Òran na Seilge'* (Cân Hela).

Yn nhrydedd pennill *'Àm a' Cogaidh is na Dhèidh'* (Amser
Rhyfel ac Wedi Hynny), mae T. D. MacDonald yn dweud:

*Dh'fhalbh ar 'n òigridh chun a' bhlàir,/A' freagairt gairm na
saors',/ ... Tha iad treunmhor anns an t-strith*

Gadawodd ein gwŷr ifanc am ryfel,/Gan ateb galwad
rhyddid,/ ... Maent yn wrol yn y frwydr

Clwyfau ac Angau
Nid oes heddychiaeth yn y farddoniaeth Aeleg a ganwyd yn
y rhyfel. Yn hytrach ceir cymalau sy'n cyfeirio at un o
ddelweddau cryfaf y milwr Gael, sef ei allu i ymladd a
pharhau'n ffyddlon hyd angau, os bydd gofyn am hynny.
Mae'r ddau ddyfyniad isod yn enghreifftiau o hynny. O
'Clann an Fhèilidh' (Plant y Kilt), Angus MacLeod:

*Sgaoil an cliù air feadh na h-Eòrpa/Sàr fhir chròdha chruaidh
nach géilleadh;/Bha iad dìleas gu uchd bàis ...*

Roedd iddynt enw drwy Ewrop/Dewrion ardderchog nad
oedd ildio yn eu crwyn;/Ffyddlon hyd angau ... (pennill 6)

Ac yn *'Òran dhan Chogadh'* (Cân Ryfel), Donald Goch:

*O, cha strìochd sinn fhèin gu sìorraidh/Gus an leagar sìos gu
làr sinn;/Gheibh sinn bàs nar deise rìoghail ...*

Na, Nid ildiwn fyth/hyd nes lleddir ni;/byddwn farw yn lifrai'r brenin ... (pennill 14)

Mae clwyfau'n destun arall nad yw'n cael lle amlwg mewn barddoniaeth Aeleg o'r Rhyfel Mawr ond sy'n eithaf blaenllaw mewn barddoniaeth Saesneg fel '*A Terre*', '*Disabled*', '*Conscious*' a '*Futility*' (Wilfred Owen) a '*Stretcher Case*' (Siegfried Sassoon). Dim ond T.D. MacDonald sy'n cyfeirio at anafiadau a hynny yn '*Fèin-labhairt Saighdear Dall*' (Milwr Dall yn Siarad), '*Ann an Tigh-Eiridinn*' (Mewn Ysbyty) a '*Leointe*' (Wedi'i Glwyfo).

Yng ngherddi Donald Goch, ceir llawer o sôn am angau yn hytrach nag anafiadau; efallai fod hynny'n cryfhau'r darlun ac yn cyfleu maint y golled i'r Alban ac i'r Gael yn arbennig. Ym mhennill 5, '*Òran dhan Chogadh*' (Cân Ryfel) cawn hyn:

Ach ged thuit dhinn àireamh cheudan,/Phàigh sinne na fiachan mòra:/Airson aon fhir dh'fhàg sinn sianar/Nan laighe san t-sliabh gun deò annt'

Er bod sawl cant ohonom wedi cwympo,/talwyd y ddyled gyda llog arni:/am bob un ohonom ni gadawsom chwech yn llonydd ar y maes

Yn '*Tha mi Duilich, Cianail, Duilich*' (Rwy'n Drist, Galarus, Prudd) canodd:

Gillean Gàidhealtachd na h-Alba,/Feadhainn tha marbh is nan clàraibh/Anns an fhàsaich 's iad nan sìneadh,/An neart 's an clì air am fàgail

Meibion Gaeleg yr Alban/llawer yn farw ac wedi'u chwythu'n ddarnau;/yn gorwedd yn nhir neb,/yn llonydd a di-anadl (pennill 2)

Rhai o golledion Skye mewn amgueddfa ar yr ynys

*Chì mi brògan agus aodach,/Chì mi aodainn agus
làmhan/Nochdte an talamh na Frainge/Far 'n do chaill mi
mo chuid bhràithrean*

Gwelaf esgidiau a dillad,/gwelaf wynebau a dwylo/yn bolio
allan o bridd Ffrainc/lle collais fy mrodyr (pennill 8)

Cawn hyn yn nhrydydd pennill *'Òran Arras'* (Arras):

*Tillidh cuid dhuinn slàn,/Cuid fo chràdh lann fala,/'S mar a
tha e 'n dàn,/Roinn le bàs a dh'fhanas*

Bydd rhai ohonom yn dychwelyd heb farc arnom,/rhai ym
mhoen yr arfau gwaedlyd,/ac, fel y gwêl ffawd yn
dda,/bydd nifer yn aros yn yr angau

Yn *'An Eala Bhàn'* (Yr Alarch Gwyn), cawn nodyn personol
ar y testun (cafodd Donald Goch ei hun ei anafu):

44

Cofeb fawr gydag enwau'r rhai a gollwyd ym mhlwyf Kilmuir,
gogledd Skye

Tha mi 'n seo san fhàsach/Air sliabh a' bhlàir 's mi leònt':/'S
e 'n nàmhaid rinn mo shàradh/'S a chuir saighead cràidh
nam fheòil ...

Rwyf yma yn yr anialwch/wedi fy nghlwyfo ar faes y
gad:/yn cael fy nal yn ôl gan y gelyn/sydd wedi saethu
saeth o boen drwy fy nghnawd ... (pennill 6)

Yn *'Ar Tìr 's Ar Gaisgich a Thuit sna Blàir'* (Ein Tir a'r Arwyr a
Gwympodd mewn Brwydr), clywn lais personol Munro, wrth
iddo roi'i hun yng nghanol y milwyr drwy ddefnyddio'r gair 'ni'
– yn eironig, efallai, gan iddo gael ei ladd cyn diwedd y rhyfel:

Fhuair sinn sìnt' iad le'm bàs-leòintean/an dust eu-dreach', na
bha chòrr dhiubh,/an laighe 'sìneadh mar mheòir-shìnt' ...

Gwelsom ni eu cyrff a'r clwyfau angeuol/yn llwch di-ffurf,
yr hyn oedd yn weddill ohonynt,/wedi'u hymestyn fel
bysedd llaw agored ...

Yn *'Eilean Beag Donn a' Chuain'* (Ynys Fach Felen y Môr),
clywn Morrison yn galw am drugaredd Duw ar y rhai sydd
wedi'u clwyfo:

A Dhia bi maille ri muinntir a' bhròin,/'Sna fir a tha leòinte, tinn

O Dduw, bydd gyda'r galarus,/a'r dynion clwyfedig a gwael
(pennill 2)

Ac ym mhennill cyntaf *'Dìlseachd 'n àm a Chruaidh-chàs'*
(Ffyddlondeb dan Brawf), dywed T. D. MacDonald:

*Cha b' urrainn dhomh mo chompanaich/Fhàgail 's e leis
fhèin,/E leòinte gus a' bhàs, 's mo thaic-s'/Ga chumail suas
bho lèir ...*

Ni allwn adael fy nghyfaill ei hun/Ym mhoenau angau, a'm
cymorth innau/Yn ei gadw rhag trallod...

Bywyd yn y Ffosydd
Mae'r uchod hefyd yn portreadu'r berthynas rhwng milwyr
a dyma thema arall a geir yn gyson mewn barddoniaeth
ryfel. Wrth ddisgrifio bywyd milwr, roeddent angen geiriau i
fynegi sut yr oedd hi yn ffosydd Ffrainc, yng nghanol yr holl
dwrw ac arogl marwolaeth. Canfyddir hyn yng ngherddi
Peter Morrison, John Munro, Donald MacPhail, T.D.
MacDonald ac, yn gryf ac yn eglur, yng ngwaith Donald
Goch.
    Yn *'Òran don Chogadh'* (Cân i Ryfel), dywed Morrison:

*Ged gheibhinn car tacain cead sìneadh fon phlaididh/Cha
luaith' nì mi cadal – cha tarraing mi srann/Nuair chluinneas
mi 'n t-òrdugh bhith dol ann an òrdugh/Chum losgadh is
leònadh, 's a' chòmhstri tighinn teann*

Er cael caniatâd bob hyn a hyn i orffwyso dan flanced/nid
cynt nag y byddaf yn cysgu – ni chwyrnais gymaint ag
unwaith yma/Yna clywaf y gorchymyn i sefyll yn rheng/yn
y tanio a'r clwyfo, wrth i'r gwrthdaro nesu (pennill 3)

Yn '*Air Sgàth nan Sonn*' (Er Mwyn y Rhyfelwyr), dywed
Munro:

Air sgàth nan sonn nach fhaic mo shùil/tuilleadh ri m' bheò/'s
nach cuir blàth-phlac gu m' chrìdh nas mò/le greim an làmh,
le thlàths an ghnùis/le fàilte 's furan am beòil ... / ... 's
rinneadh mo throm-ullach aotram/le'n cuideachd 's am blàth-
chridheas dòigh ...

Er mwyn y rhyfelwyr nas gwelaf gyda fy llygad/weddill fy
mywyd/ac na fydd eto'n peri i fy nghalon gyflymu/gyda
gafael eu llaw, gyda gwres eu hwyneb,/gydag ewyllys da a
chroeso'u gair o'u genau ... /... ac ers pan ysgafnwyd fy
maich drom/gan eu cwmni a chynhesrwydd eu calonnau ...

Yn '*Isein Bhòidhich*' (Cywion Hardd), dyma ddywed
Donald MacPhail ym mhennill 3:

'S iomadh caraid ciatach, snasail/Dlùth air m' aigne 's air mo
chrìdh'/Chunnaic mi 's a dhruim ri talamh/'S nach dìan an
carachadh an tìm

Mae sawl cyfaill hardd/yn agos at fy meddwl a'm
calon/gwelais ef yn gorwedd ar y ddaear/ac ni fydd yn
symud eto

Gellir dweud bod cerddi T. D. MacDonald yn fwy
dychmygus na'r gweddill oherwydd mae'n ymddangos nad
oedd yn filwr ei hun, ond efallai bod rhywun agos iddo yn y

rhyfel – mab, o bosibl. Gwelwn ef yn mynegi meddyliau milwr, yn *'Ri Anail air Raon a' Bhlàir'* (Hoe ar Faes y Gad) a *'Aisling air Raon a' Bhlàir'* (Breuddwydio ar Faes y Gad) er enghraifft.

Yn *'Tha mi Duilich, Cianail, Duilich'* (Rwy'n Drist, Galarus, Prudd), gwelwn ddyfnder y berthynas a dyfodd rhwng milwyr wrth i Donald Goch eu galw'n 'frodyr' ym mhenillion 1, 8 ac 17. O bennill 14 hyd ddiwedd *'Dh'fhalbh na Gillean Grinn'* (Hogiau Glân) clywn filwyr yn cael eu galw wrth eu henwau, gan roi cyffyrddiad personol i'r marwolaethau. Yn *'An Eala Bhàn'* (Yr Alarch Gwyn), cawn lun trawiadol o fywyd yn y ffosydd:

Tha 'n talamh lèir mun cuair dhiom/Na mheallan suas 's na neòil/Aig na shells a' bualadh/Cha lèir dhomh bhuam le ceò/Gun chlaisneachd aig mo chluasan/Le fuaim a' ghunna mhòir ...

Mae'r ddaear o 'nghwmpas fa'ma/dan genllysg tân y Fall/Mae'r sieliau yn ffrwydro'n gawod/Ac yn eu mwg dwi'n ddall/A byddar bost ydi 'nghlustiau/Yn rhu y gynnau erch ... (pennill 4)

Air m' uilinn anns na truinnsichean

Ar fy mheneliniau yn y ffosydd (pennill 5)

Tha mise 'n seo san truinnsidh fhuair/'S nam chluasan fuaim a' bhàis,/Gun dùil ri faighinn às le buaidh ...

Rwyf yma mewn ffos oer,/mwstwr marwolaeth yn gyson ar fy nghlyw,/heb fawr o obaith i ddod ohoni'n fuddugoliaethus ... (pennill 13)

Chwerwder at y Peiriant Rhyfel

Bu'r Rhyfel Mawr yn ddigwyddiad o bwys ym meddyliau pobl at ryfel, gyda chwerwder cynyddol at yr Ymerodraeth Brydeinig, yn arbennig felly yn yr Alban efallai oherwydd cynifer o golledion. Ni welwyd hynny mor amlwg yn y farddoniaeth Aeleg o'i chymharu â'r cynnyrch Saesneg ond mae enghreifftiau megis cerdd T.D. MacDonald *'Imcheist a' Chogaidh'* (Cyfyng-gyngor am Ryfel), *'Leasain a' Chogaidh'* (Gwers y Rhyfel) ac ym mhenillion 7-8 *'Àm a' Chogaidh is na dheidh'* (Yn Amser Rhyfel ac Wedi Hynny). Ym mhenillion 14-21 *'Òran aig Toiseach Cogadh Mòr na h-Eòrpa'* (Cân ar Ddechrau'r Rhyfel Mawr yn Ewrop) gwelwn MacKay yn trafod effaith y rhyfel ar fechgyn ifanc yr Alban:

> *Bidh gach morair is iarla/Guidhe dian leibh gu èirigh*

> Mae pob iarll ac arglwydd/yn erfyn arnoch i godi (15)

> *Ach uair cheanglar an t-sìth leibh/Cha bhi cuimhn' air bhur feum dhaibh*

> Ond pan fyddwch wedi sicrhau heddwch/Byddent yn anghofio am eich gwasanaeth (17)

Geiriau proffwydol, fel mae'n digwydd, gyda'r terfysgoedd dros dir y tyddynwyr yn yr Ucheldiroedd yn y 1920au, ynghyd â cholledion y rhyfel, yn achosi'r ecsodus mwyaf o'r Alban ers y Gwagio Mawr. Gwelir hyn hefyd ym marddoniaeth Donald Goch, yn arbennig felly ym mhenillion 6-7 *'Òran na Seilge'* (Cân Hela):

An t-sealg 's an t-iasgach bha sinne dìon dhaibh/Am measg
fuil is crèadh ann an sliabh na Fraing,/Cha bhlais ar beul-ne
air sgath gu sìorraidh – /Tha laghan dèanta nach fhiach sinn
ann – /Ach dha na h-uaislean a bh' air a' chluasaig/'S a'
phlangaid shuarach 's i suas mun ceann;/Bhiomhaide 'n uair
sin a-muigh aig uabhas/'S am peileir luaidhe mar cluais le
srann.

Yr hela a'r pysgota yr ydym yn eu gwarchod ar eu rhan/yng
ngwaed a chlai daear Ffrainc,/ni chawn flasu cegaid
ohonynt – /mae'n hawliau'n ddiwerth yn llygad y
gyfraith/Ond fe gaiff y boneddigion – sydd wedi bod yn
cysgu ar obenyddion/gyda'u blancedi atgas dros eu
pennau;/tra oeddem ninnau'n wynebu peryglon
enbyd/chwiban bwledi'n gyson o gylch ein clustiau.

Ach tha mi 'n dòchas gun cùmhnar beò dhinn/Na thogas
tòrachd is còir nam beann/Nuair thig na fiùrrain lem
briogais-ghlùine/Nach deach a-null air ar cùl dhan
Fhraing:/Nuair thig iad dlùth dhut dèan caog-an-t-sùil riu,/'S
ged bhiodh ann triùir dhuibh na crùb do cheann,/Oir 's mòr
an tàmailt, ma chluinn am bàrd e,/Gun d'theich fear Gàidhlig
air sgàth nan Gall.

Ond rwy'n gobeithio'n dawel y bydd digon ohonom yn
goroesi/i sefyll dros hawliau'r Ucheldiroedd/pan fydd y
gatrawd trowsus-dwyn-falau yn cyrraedd/honno na ddaeth
ar ein cyfyl yn Ffrainc:/pan ddônt i'th wynebu, culha dy
lygaid,/a, hyd yn oed os bydd tri ohonynt, paid â phlygu dy
ben,/neu byddai'n warthus yn wir gan y bardd glywed
hynny,/bod Gael wedi troi'n gynffon i Sgotyn llawr gwlad.

Patrymau mydryddol

Roedd rhai o'r beirdd yn cadw at y traddodiadol, gyda mydr ac odl yn llawer o'r cerddi – er enghraifft, *'Òran dhan Chogadh'* (Cân Ryfel) a *'Gu mo Mhàthair'* (I Mam), (Donald Goch yw'r bardd mwyaf traddodiadol. Yn *'Cha b' e Gunna mo Nàmhaid'* (Nid gwn fy ngelyn oedd hwn) mae pedair llinell ym mhob pennill ac mae'r ddwy linell olaf bob tro'n cael eu hailganu ar ddechrau'r pennill dilynol. Mae'i ganeuon yn llifo, gyda phrifodlau goben (nodwedd o ganu Gaeleg). Yn *'Òran a' Phuinnsein'* (Nwy Gwenwynig) ceir odl ar y goben yng ngair olaf pob llinell:

còmhdach/crònan/srònan/còmhnard/neònach/tròcair

Yn *'Na Camshronaich san Fhraing'* (Y Camerons yn Ffrainc) ac *'An Eala Bhàn'* (Yr Alarch Gwyn) cynhelir yr un odl ar ddiwedd pob un llinell.

Ymysg beirdd y cyfnod hwn, John Munro oedd yr un a ddechreuodd defnyddio *vers libre*. Gwelir hyn yn ei ddwy gerdd, fydd weithiau'n cael eu cyhoeddi fel tair cerdd unigol. Gellir dweud bod arddull Munro'n adrodd cyfrolau ynglŷn â sut yr oedd y rhyfel yn newid pethau'n ddiwylliannol ledled y ddaear, ond yn arbennig felly yn yr Ucheldiroedd a'r Ynysoedd a ddioddefodd gymaint o golledion a

Cofeb i fechgyn y Rhyfel Mawr, Port Rí, Skye

chyda cymaint yn ymfudo ar ddiwedd y rhyfel – gan fynd â'u hiaith, diwylliant a thraddodiadau i bob cornel o'r byd.

Gwahaniaethau Albanaidd

Er mwyn llawn werthfawrogi pwysigrwydd barddoniaeth Aeleg yn y cyfnod hwn, mae'n rhaid edrych ar y gwahaniaethau athronyddol ac ystyried y gwahaniaethau oedd yn bodoli oherwydd magwraeth ac addysg. Mae'n wir dweud bod gan yr Ucheldirwyr eu ffordd eu hunain o feddwl a'u hathroniaeth bywyd eu hunain gan eu bod yn tarddu o gefndir ieithyddol a diwylliannol gwahanol.

Mae'n debyg bod dolen arbennig rhwng siaradwyr Gaeleg a hen ddelweddau sy'n codi o nodweddion yr Ucheldiroedd, sy'n cael eu hamlygu yn chwedlau'r Fenians. Efallai bod siaradwyr Saesneg uwchlaw cyneddfau cyntefig o'r fath. Pan alwodd eu gwlad arnynt i'w hamddiffyn, dim ond tair blynedd ar ddeg wedi marwolaeth y Frenhines Victoria, edrychid ar Brydain fel canolbwynt yr Ymerodraeth Brydeinig. Ond roedd y 'Brydain' hon yn cael ei galw'n 'England' yn y rhan fwyaf o gerddi'r rhyfel, er enghraifft: *'August, 1914'* (Masefield); *'Happy is England Now'* (Freeman); llinell o *'Break of Day in the Trenches'* (Rosenberg) *'Now you have touched this English hand'*; neu *'Greater Love'* (Owen) *'As the stained stones kissed by the English dead'* ac efallai yng ngherdd enwocaf Rupert Brooke, *'1914: The Soldier'* lle mae'n dweud:

If I should die, think only this of me:/That there's some corner of a foreign field/That is forever England ... /A dust whom England bore ... /A body of England's ... /In hearts at peace, under an English heaven

Yn *'Recruiting'*, E. A. MacKintosh, gwelwn y llinell *'washy verse on England's need'*. Hanai'r bardd o'r Alban ac mae naws ddychanol i'r llinell, yn tafoli'r modd y defnyddid gwladgarwch i hyrwyddo recriwtio ar ddechrau'r rhyfel. Er mwyn gwerthfawrogi'r gwahaniaethau rhwng y Gael a'r Saeson, rhaid didol y siaradwyr Saesneg yn yr Alban oddi wrth y rheiny yn Lloegr. Fel y gwelwn uchod, roedd gagendor mawr yma yn ogystal. Roedd dau fardd Albanaidd, oedd yn cyfansoddi yn Saesneg, yn mynegi safbwyntiau gwahanol i'r beirdd Seisnig – Charles Hamilton Sorley ac Ewart Alan MacKintosh. Ganwyd Sorley yn Aberdeen ond symudodd ei deulu i Gaergrawnt pan oedd yn bump oed. Ganwyd MacKintosh yn Brighton i deulu o Alness. Astudiodd y clasuron yn Rhydychen a dysgodd yr Aeleg ar ei liwt ei hun. Roedd y ddau ohonynt yn ymwybodol iawn o'u treftadaeth. Gwelir hyn yn 'Cha Till MacCruimein' (Ymadawiad y 4th Camerons), MacKintosh, lle mae'n saernïo'i gerdd ar seiliau hen gân Aeleg o'r un enw. Cyfaddefodd Sorley hefyd nad oedd yn teimlo rhithyn o wladgarwch tuag at Loegr, er nad yw ei etifeddiaeth mor amlwg yn ei waith.

Roedd gwahaniaeth yn yr agwedd at ryfel rhwng beirdd Albanaidd a Seisnig – gwahaniaeth sy'n tarddu o ddiwylliant gwahanol. Yn draddodiadol, roedd rhyfel yn mynd law yn llaw ag arwriaeth yn yr Ucheldiroedd ac roedd blas yr Ysgol Breswyl Seisnig ar feddylfryd y cerddi Seisnig, gan ddechrau efallai gyda 'Vitaï Lampada', Syr Henry Newbolt, cerdd sy'n amlygu'r cysylltiad clasurol rhwng rhyfel a chwaraeon. Sonnir am gêm o griced yn y pennill cyntaf ac erbyn yr ail, maent yn y rhyfel, ond llais y bachgen ysgol a glywir o hyd yn llinell olaf pob pennill: 'Play up! Play up! and play the game!' Yr athroniaeth hon oedd yn honni ei bod hi'n anrhydeddus marw wrth amddiffyn gwlad – athroniaeth oedd yn rhoi bri ar ryfel – oedd yn cynddeiriogi beirdd fel Sassoon gyda'i 'Does it Matter?' ac Owen gyda'i 'Dulce et Decorum est' gan gondemnio rhyfel fel gwastraff.

Dywed yr hanesydd llenyddol MacNeill (1929) bod y Rhyfel Mawr wedi cyflwyno newid mawr i ffordd y Gael o feddwl ac wedi dylanwadu ar eu cryfderau cynhenid – golygodd y newid hwn eu bod yn dechrau troi eu cefnau ar lenyddiaeth erbyn diwedd y brwydro. Roedd yn credu hefyd bod yr 'ymchwydd gwladgarol' a fu'n gyfrifol dros eu hannog i fynd i ffwrdd i'r fyddin wedi cael effaith gwael ar yr iaith Aeleg a'r dadeni diwylliannol.

Effeithiau negyddol pellach ar yr Aeleg oedd yr anawsterau a wynebai'r cyn-filwyr wrth ddychwelyd o'r rhyfel i'r Ucheldiroedd a'r Ynysoedd, gyda phroblemau'r tyddynwyr, ymfudo niferus, y bywydau a gollwyd yn y rhyfel yn golygu bod cwymp sylweddol yn nifer siaradwyr yr iaith. Cyn 1914 roedd ymwybyddiaeth gref o hunaniaeth genedlaethol a chyhoeddwyd llawer yn yr iaith yn y cyfnod hwnnw. Bu cyfnod hysb iawn ar ôl 1918, ac ni welwyd fawr ddim llenyddiaeth yn yr iaith nes i Sorley MacLean ddechrau cyhoeddi'i gerddi, ac ni chyhoeddwyd y nofel Aeleg gyntaf tan y 1970au.

Wedi'r Rhyfel

Mae barddoniaeth oedd yn edrych yn ôl ar y rhyfel yr un mor bwysig â'r cerddi a gyfansoddwyd yn ystod cyfnod y brwydro oherwydd mai trwy'r farddoniaeth hon yr oedd pobl yn cofio'r rhai a aeth i faes y gad, ac na fyddent yn dychwelyd efallai. Gwragedd a dynion oedd yn rhy ifanc i fynd i'r rhyfel oedd yn bennaf gyfrifol am y cerddi hyn – mae 'Cuimhnichean 1914-18' (Cofio 1914-18), Kirsty MacLeod, '1914', Murdo MacFarlane a 'Flanders', Donald MacDonald yn enghreifftiau.

Un o'r darnau sy'n mynegi teimladau gwragedd amlycaf at golli bywyd yw 'Crom-lus Arrais' (Pabi Arras), Mary MacDonald. Mae'n arddangos y berthynas gref sydd rhyngddi â'r milwr marw y mae'n ei gofio. Gwelir hyn yn y pennill olaf:

*Carson a spìon mi thu?/A dh'altrum mi thu greis bheag/'S do
fhreumha fìghte gu brìth/An duslach Arrais*

Pam y dewisais di?/er mwyn dy fwytho am ennyd/er bod
dy wreiddiau wedi'u clymu/yn llwch Arras.

Mae'r bardd yn dewis delwedd y pabi'n fwriadol fel alegori
o'r blodyn a dyfai ym mwd Fflandrys a marwolaeth a
mynwentydd y milwyr.

Mae'r edrych yn ôl yn bwysig hefyd oherwydd nid dim
ond colledion eithafol y rhyfel a gaed yn y cymdogaethau
Gaeleg ond ymfudo helaeth ers cyfnod y Gwagio Mawr. Yn
ogystal â'r miloedd meirwon, ymfudodd 390,000 ar ôl y

*Y rhai ar ôl yn ffarwelio â 260 o bobl ifanc yr Ynysoedd sy'n gadael
harbwr Stornoway, Ynys Lewis ar y* Metagama *yn 1923. O fewn y
flwyddyn byddai 800 yn rhagor o bobl ifanc yn ymfudo o Lewis, a
llawer o'r ynysoedd eraill yn ogystal.*

rhyfel, yn nechrau'r 1920au. Roedd 58% o'r ymfudwyr o wledydd Prydain yn hannu o'r Alban. Gwelir hyn yn *'Flanders'* (Donald MacDonald) ac ym mhennill 5 mae'n condemnio llywodraeth Lloegr oherwydd y ffordd y cafodd cyn-filwyr Albanaidd eu trin ar derfyn y rhyfel:

Dè 'n taing thug an rìoghachd/Do na thill as an fhùirneis?/O,
a Shasainn, mo nàire/D' eachdraidh ghràineil gu
rùsgadh:/Dh' òl eileanan Alba/Cupan searbh do chuid
mùiseig

Pa ddiolch a gafwyd gan y llywodraeth/i'r rhai a ddychwelodd o'r ffwrnais?/Lloegr, fy nghywilydd – /dy hanes atgas oedd eu cneifio nhw:/yfodd yr ynysoedd Albanaidd/gwpanau chwerw dy fygythion.

Testun arall y gwelwyd llawer o ganu arno oedd Nos Galan 1919 a llongddrylliad yr *Iolaire*. Cyfansoddodd Murdo MacFarlane *'Mar a Chailleadh an* Iolaire' (Colli'r

Dadorchuddiwyd y gofeb hon i'r rhai a gafodd eu halltudio o'r
Ucheldiroedd a'r Ynysoedd yn Helmsdale gan Brif Weinidog yr
Alban, Alex Salmond yn 2008

Iolaire) a *'Raoir Reubadh an Iolaire'* (Neithiwr Drylliwyr yr *Iolaire*) a sgwennodd Anne Frater am farwolaeth ei thaid – a gollwyd yn y drychineb – yn *'Màiri Iain Mhurch' Chaluim'*.

Dyma ddyfyniad o *'Mar a Chailleadh an* Iolaire' (Colli'r *Iolaire*). Mae'r pennill yn mynegi galar teuluoedd y rhai a gollwyd drwy gyfeirio at y creigiau sy'n gwarchod ceg harbwr Stornoway (y

Cofeb a charnedd i gofio'r drychineb

'Bwystfilod') a gweld chwithdod nad oedd y tywydd wedi'u herydu yn ddim:

> Nach truagh, nach truagh a riamha
> Gun robh na Biastan ann;
> Carson nach d' rinn sibh, shiantan,
> An caitheamh gus am bonn?
> Carson, a thonna cìocrach,
> Nach d' bhleith sibh iad gu pronn,
> Mun d' rinneadh leoth' an dìol so
> Ort, eilein iair, 's do chlann.

Onid oedd hi'n drueni neithiwr/bod y Bwystfilod yno o hyd?/Pam na wnaethoch chi'r hyrddiadau/chwalu eu sylfeini?/Pam, chi'r tonnau diderfyn/na wnaethoch eu malu'n llwch?/Fel y gwnaeth eich dialedd ar ynysoedd y gorllewin, a'u plant.

Roedd Hugh MacDermot o'r farn bod 'y rhan fwyaf o'r geiriau pwysig' wedi marw yn y Rhyfel Mawr a chaiff ei adnabod fel tad y Dadeni Llenyddol Albanaidd, neu'r 'gwaredwr' fel y galwai'i hun. Efallai bod hyn yn wir am ryddiaith, mewn Gaeleg a Saesneg, ond bu'r Rhyfel Mawr yn sylfaen i adfywiad i farddoniaeth Gaeleg, ac yn ddechrau ar gyfnod o arddull fodern – gyda gwaith *vers libre* John Munro yn rhyddhau beirdd o hualau traddodiadol eu crefft.

Gellir dweud bod y Rhyfel Mawr wedi bod yn anogaeth i achos heddychiaeth. Hawdd deall nad oedd pobl am weld rhyfel ar y raddfa honno eto ond drwy'r dau ddegau a'r tri degau, gwelwyd cyfnod cythryblus ac ni chafwyd heddwch yn 1918. Un mlynedd ar hugain o ddiwedd y rhyfel, rhwygwyd Ewrop gan 'ryfel mawr' arall. Un o'r rhai oedd yn sgrifennu yn y cyfnod hwn oedd Sorley MacLean, bardd galluog, gyda'i gerdd am y Rhyfel Cartref yn Sbaen – *'Gaoir na h-Eòrpa'* (Cri Ewrop) a George Campbell Hey gyda'i *'Biserta'* (Bizerta). Yn y farddoniaeth hon, nid oes un gair am arwriaeth yr Ucheldiroedd ond edrychir ar ochr arall y brwydro, megis dioddefaint pobl gyffredin y gwledydd lle ceid y rhyfela.

Mae'n hawdd gweld nad ydynt yn ystyried Barddoniaeth Aeleg y Rhyfel yn berthnasol a phrin y cyfeirir ati, oni bai am ambell sylw bod rhai milwyr yn sgwennu mewn Gaeleg. Mae hyn wedi gadael bwlch mawr yn astudiaethau llenyddol yr Alban. *In Flanders Fields* (Royle) yw'r unig gasgliad o farddoniaeth ryfel sy'n cyfeirio at unrhyw gerddi rhyfel Gaeleg. Er mai yn y farddoniaeth Aeleg honno y ceir rhai o'r darluniau mwyaf pwerus o fywyd ar faes y gad, nid yw'n cael yr un cyfle i sefyll ysgwydd wrth ysgwydd â cherddi Saesneg y milwyr rheiny fu'n ymladd gyda hwy.

Llyfryddiaeth Fer

Bateman, M. 'Women's Writing in Scottish Gaelic since 1750' yn *A History of Scottish Women's Writing*, tt.. 659-676 (gol.) Gifford, D. a McMillan, D. Edinburgh University Press (Edinburgh, 1997)

Beaton, M. N. a McGonagle, W. 'Walking in the Footsteps of Heroes' yn *Island Heroes: The Military History of the Hebrides*, tt. 65-72. The Islands Book Trust (Kershader, 2010)

Black, R. I. M. 'Thunder, Renaissance and Flowers: Gaelic Poetry in the Twentieth Century' yn *The History of Scottish Literature vol. 4 Twentieth Century*, tt. 195-215 (gol.) Craig, C. Aberdeen University Press (Aberdeen, 1987)

Clyde, R. (1998). *From Rebel to Hero: the Image of the Highlander 1745-1830*. East Linton: Tuckwell Press Ltd.

Gillies, A. L. (2010). *Songs of Gaelic Scotland*. Edinburgh: Birlinn

Innes, B. (gol.) (1998). *Chì Mi: The Poetry of Donald John MacDonald*. Edinburgh: Birlinn

MacInnes, Dr. J. 'The Panegyric Code in Gaelic Poetry and its Historical Background' yn *Transactions of the Gaelic Society of Inverness vol. L 1976-78*, tt. 435-498. Comunn Gàidhlig Inbhir Nis (Inverness, 1976)

MacLeod, J. (2010). *When I Heard the Bell: The Loss of the* Iolaire. Edinburgh: Birlinn

Murray, N. (2010). *The Red Sweet Wine of Youth: The Brave and Brief Lives of the War Poets*. London: Little Brown Book Group

Pittock, M. G. H. (1999). *Celtic Identity and the British Image*. Manchester: Manchester University Press

Royle, T. (2007). *The Flowers of the Forest: Scotland and the First World*. Edinburgh: Birlinn Ltd.

Thomson, D. (1990). *An Introduction to Gaelic Poetry*. Edinburgh: Edinburgh University Press

Francis Ledwidge a Hedd Wyn
Dau fardd yn yr un ffos

Naomi Jones a Myrddin ap Dafydd

Francis Ledwidge

'Dwi'n hannu o deulu o filwyr a beirdd ... mi glywais fy mam yn sôn lawer gwaith bod y Ledwidges yn arfer dal darn helaeth o dir yn y bryniau a'r dyffrynnoedd yma.' Dyna sut y cyflwynodd Francis (Frank) Ledwidge hanes ei deulu yn swydd Meath a Westmeath dros gyfnod o dri chan mlynedd. Ond erbyn 1872, pan briododd ei rieni – Patrick ac Anne – yn Slane, swydd Meath, teulu tlawd a chyffredin oeddent gyda Patrick yn ennill ei damaid drwy dorchi'i lewys fel gwas fferm am ddeg i ddeuddeg swllt yr wythnos. Yn 1886, symudodd y teulu – oedd bellach yn cynnwys chwech o blant (bu farw un arall yn blentyn bychan) – i fwthyn newydd a godwyd yn arbennig ar gyfer gweithwyr ar ffordd Drogheda. Yno y ganwyd Francis ar 19 Awst, 1887.

Francis Ledwidge

Doedd teulu'r Ledwidge ddim yn eithriad ymysg gwerin Iwerddon wrth roi pwyslais a gwerth mawr ar addysg dda i'w plant. Fel eraill, roedd ganddynt ffydd bod gwawr newydd am dorri dros ofidiau'r Gwyddelod ac y byddai eu gwlad ar frig y don unwaith eto. Roedd rhaid paratoi'r plant i fod yn rhan o Iwerddon Fydd. Cadwyd Patrick y mab hynaf yn yr ysgol fel athro dan hyfforddiant – llwybr garw ar ddiwedd y 19eg ganrif

Hedd Wyn

Hogyn ei filltir sgwâr oedd Ellis Humphrey Evans, bugail a bardd o Drawsfynydd, a gafodd ei adnabod gan bobl Traws fel 'Elsyn yr Ysgwrn', ond sy'n cael ei gofio gan y mwyafrif o bobl fel 'Hedd Wyn'. Roedd ei wreiddiau yn gorwedd yn ddwfn yn ardal Trawsfynydd. Y Morrisiaid, gofaint enwog Penstryd oedd teulu ei fam, ac Evansiaid ffermydd Erwddwfr (Yr Wyddor), ac yn ddiweddarach yr Ysgwrn, oedd teulu ei dad. Magwyd Ellis yng nghyfoeth diwylliedig bro Trawsfynydd, yn ŵyr i Morgrugyn Eden (David Evans), traethodwr adnabyddus a Lewis Evans, bardd gwlad yn y cylch. Priodwyd rhieni Ellis, Mary Morris ac Evan Evans yng nghapel Gilgal, Maentwrog ym mis Tachwedd 1886 a ganwyd Ellis yn gyntaf o'u pedwar ar ddeg o blant, ar 13eg Ionawr, 1887 mewn bwthyn yn rhes Penlan, Trawsfynydd, yng nghartref ei nain. Yn bedwar mis oed, symudodd Ellis gyda'i rieni i'r Ysgwrn, fferm ar lethrau deheuol Cwm Prysor a fu'n gartref i deulu ei dad ers diwedd yr 1840au. Ffermio tir yr Ysgwrn oedd gwaith Evan Evans, yng nghwmni ei frawd, Robert, sef hoff Ddewyrth Rhobert, Ellis.

Yn yr Ysgwrn ganwyd tri ar ddeg o blant eraill i Evan a Mary, rhwng 1888 a 1907: David (Dafydd), Mary, Kate (Cati), Llewelyn Lewis (y cyntaf), Sarah Ann, Maggie (Magi), Llewelyn Lewis (yr ail), Robert Llewelyn (Robin neu Bob), Evan Morris, Ann ac Enid, yn ogystal â dau blentyn marwanedig. Cofnodwyd enwau'r plant ym Meibl y teulu, sy'n dal i gael ei gadw ar ddresal cegin yr Ysgwrn. Collwyd tri o'r plant a anwyd yn fyw, sef Llewelyn Lewis (y cyntaf), Sarah Ann a Llewelyn Lewis (yr ail) yn blant ifanc.

Ellis Humphrey Evans – Hedd Wyn

gan mai £5 y flwyddyn oedd y tâl am y pum mlynedd cyntaf o'r yrfa, yna dwy flynedd mewn coleg, gan godi i £50 y flwyddyn ar ôl cymhwyso. Cyflog y tad oedd yn talu am hyfforddiant y mab felly, ond dyma ergyd drom ym Mawrth 1892 pan fu'r tad farw yn 52 mlwydd oed.

Swllt y plentyn yr wythnos oedd unig gynhaliaeth y weddw ac erbyn hynny, pwtyn tri mis oed oedd Joseph, ei phlentyn ieuengaf. Dechreuodd weithio ar ffermydd cymdogion am hanner coron (12 ceiniog) y dydd. Enillai geiniogau ychwanegol drwy weu sanau, a golchi a thrwsio dillad i deuluoedd eraill yn y gaeafau.

* * *

Dechreuodd Patrick ennill cyflog a'i rannu â'i fam ac aeth y merched hynaf i weini. Ond ymhen pedair blynedd, aeth y ddarfodedigaeth â'r mab hynaf oddi arnynt. Cyrhaeddodd beiliff a dau heddwas i droi'r teulu allan o'u cartref ond fe'u harbedwyd ar y funud olaf wrth i'r doctor dystio bod Patrick yn rhy wael i'w symud ar y pryd. Pan fu farw, y plwy dalodd am y costau claddu. Aeth y fam yn ôl i'r caeau, yn benderfynol na fyddai dyfodol ei theulu yn y fantol. Cafodd yr ail fab le mewn siop yn Nulyn. Yn saith oed, roedd Frank yn cael blas ar lenyddiaeth ac yn dechrau cyfansoddi rhigymau a cherddi. Roedd ei athro, Thomas Madden, yn ymddiddori yn hanes a diwylliant Iwerddon ac yn dysgu'r Wyddeleg i'r plant. Yno yn swydd Meath mae rhai o gladdfeydd a llecynnau mwyaf hynafol a chysegredig Iwerddon a thyfodd Frank gyda balchder yn ei dreftadaeth.

* * *

Diwrnod bendigedig oedd hwnnw pan gafodd Frank a'i ffrind y cyfrifoldeb o yrru gyrr fechan o wartheg i lawr y

Addysg ffurfiol dameidiog iawn gafodd Ellis, yn Ysgol Trawsfynydd. Fe'i cofrestrwyd yno yn 1892 a cheir y cofnod diwethaf ohono yn llyfr lòg yr ysgol yn 1899, pan oedd yn ddeuddeng mlwydd oed. Os byddai'n dywydd mawr, neu os byddai rhywbeth mwy difyr yn galw ar y fferm, byddai'n aros gartref am y diwrnod. Rhoddwyd bri mawr ar addysg serch hynny, a thrwy gymdeithas y Capel a'r Ysgol Sul a darllen yn eang, derbyniodd Ellis addysg ddiwylliannol gyfoethog.

Adref yn yr Ysgwrn, yn cynorthwyo'i dad a'i ewythr bu Ellis yn gweithio, yn bugeilio'i breiddiau. Byddai ei fam, Mary, yn cynhyrchu menyn wedi'i stampio â mesen, buwch neu ddeilen, i'w werthu yn lleol ac yn eu tro, adref y daeth holl blant yr Ysgwrn i weithio, am ryw hyd o leiaf.

*   *   *

Yng Nghymru wledig y 19eg ganrif, cyflogwyd gweision fferm am gyfnod o chwe mis ar y tro: o Galan Mai i Galan Gaeaf a Chalan Gaeaf i Galan Mai. Mewn ffeiriau byddai gweision yn chwilio am waith fel arfer, ond roedd digon o waith i Ellis gartref yn yr Ysgwrn, heb fod rhaid iddo chwilio am waith mewn lleoedd eraill. Cafodd Ellis gryn ryddid gan ei rieni i roi ei amser i gyfansoddi barddoniaeth ac roedd wrth ei fodd yn cael cyfle i fyfyrio mewn llonydd ar y fferm. Carodd Drawsfynydd â'i holl galon, ac ysbrydolwyd nifer o'i gerddi gan ei filltir sgwâr. Pan adawodd Dafydd, brawd Ellis, yr ysgol, adref y daeth yntau i weithio, yna daeth Mary, Cati a Magi adref i weini, tra oedd y plant ieuengaf, Bob, Evan, Ann ac Enid yn dal yn yr ysgol.

*   *   *

Aelwyd ddiwylliedig oedd yr Ysgwrn. Mae'r silffoedd llyfrau yn aelwyd y gegin yn nodwedd anghyffredin a medrai pob dyffryn i'r llongau yn Drogheda. Cawsant chwe cheiniog am eu trafferth ond aeth y rhan fwyaf o'r enillion ar ddau getyn a thybaco – a'u gwnaeth yn sâl ac yn ymladdgar yn fuan wedyn. Gyda'r ddimai olaf, prynodd Frank lyfr o ganeuon a fu'n drysor ganddo am flynyddoedd ar ôl hynny.

Cynhelid cystadlaethau i ieuenctid mewn cylchgrawn a gâi ei gyhoeddi yn Nulyn. Rhoddodd gynnig arni gan ennill gwobrau, gan wario'r enillion ar gyfrolau clasurol. Roedd Keats, Longfellow a Shakespeare yn ffefrynnau ganddo. Bellach dim ond Frank a'i frawd ieuengaf Joseph oedd adref ar yr aelwyd ac wedi llafur y dydd, byddai'r fam yn adrodd hen straeon ac yn dysgu hen ganeuon iddynt yn ystod hirnosau'r gaeaf. Gadawodd yntau'r ysgol yn dair ar ddeg oed yng ngwanwyn 1901.

* * *

Hen fwthyn teulu'r Ledwidge ym mhentref Slane
– mae bellach yn amgueddfa

un o'r teulu ddal tiwn, ar wahân i Enid druan. Byddai Ellis yn aros ar ei draed yn hwyrach fin nos na'r plant eraill, er mwyn cyfansoddi barddoniaeth gyda'i dad. Yn aml iawn, byddai Magi yn codi yn y bore i gynnau tân yng nghegin yr Ysgwrn a dyna lle fyddai Ellis, yn cysgu'n braf ar ei bapurau a byddai hithau'n ei hel am ei wely. Wrth iddo fireinio'i grefft, byddai Evan Evans yn dweud wrth Ellis, 'Gwranda, beth am i ti gystadlu mewn eisteddfod? Mi gei feirniadaeth deg yn fan'no'. Ac felly y bu. Enillodd Ellis ei wobr gyntaf am gyfansoddi englyn i'r Das Fawn, pan oedd tua deuddeg oed, yng nghyfarfod llenyddol Capel Ebeneser, Trawsfynydd.

* * *

Yr Ysgwrn – mae hen gartref Hedd Wyn bellach yn amgueddfa dan ofal Parc Cenedlaethol Eryri

Gwaith cyntaf Frank oedd gwas bach ar gyflog o saith swllt yr wythnos gyda'i fwyd, ar fferm y Fitzsimons oedd yn taro ar ardd teulu'r Ledwidge. Roedd yn hogyn cryf a thebol, ymroddgar a diwyd ac yn mwynhau cwmnïaeth gweithwyr hŷn nag ef. Daethant hwythau i hoffi'r llencyn hwn â'i eirfa ryfedd a'i hiwmor a'i bennill byrfyfyr. Pan ddôi rhigwm i'w ben, byddai'n rhaid iddo aros yn y fan a'r lle a'i sgriblo ar bolyn ffens neu gilbost giât neu faen mewn cae. Ar un adeg, roedd ei fydryddiaeth yn rhan amlwg a gweladwy o ddaearyddiaeth fferm y Fitzsimons ond aeth tywydd a'r tymhorau â'r cyfan ar wahân i bennill mewn siarcol ar wal y tu mewn i un o'r beudai.

* * *

Yn bymtheg oed, cafodd y llanc waith fel prentis siop groser a becws yn Drogheda. Roedd yr oriau'n hir – roedd siopau groser yn agored hyd hanner nos yn aml bob nos o'r wythnos. Ni lwyddodd undeb y gweithwyr siopau i docio'r oriau hyd 1906 a chyhoeddwyd bryd hynny 'bod yr oriau byrrach yn destun llawenydd' gan fod yn rhaid i siopau gau am ddeg bum noson yr wythnos! Câi Frank fynd adref o bnawn Sadwrn hyd nos Sul, ond roedd y cyfnod cyntaf hwn oddi cartref yn galed ar yr hogyn ifanc.

Rai misoedd yn ddiweddarach, cafodd gynnig hen swydd ei frawd mewn siop yn Nulyn. Rhoddwyd hanner coron olaf y tŷ yn ei boced a'i roi ar y trên i'r brifddinas, gyda'r dagrau'n llifo ar bob tu. Wrth gerdded drwy'r ddinas, collodd ei arian i hocedwyr y stryd ac oer a sur oedd y croeso yn y llety. Bu'r hiraeth llethol yn hwb i'w awen, ond ni allai oddef gorwelion o waliau brics yn hir. Cododd un noson a cherddodd y deng milltir ar hugain yn ôl i'w gartref yn Slane.

* * *

Bugeilio oedd prif waith Ellis gartref yn yr Ysgwrn ac o ben ffridd yr Ysgwrn, gwelai olygfeydd o bentref Trawsfynydd, yr Wyddfa a'i chriw, y Moelwynion, Cwm Prysor a'r Rhinogydd. Y tirlun hwn ysbrydolodd gymaint o'i gerddi enwocaf, fel 'Atgo', 'Y Moelwyn', 'Haul ar Fynydd', 'Yr Haf', yn ogystal â rhai o'i gerddi eisteddfodol, fel 'Eryri' ac 'Y Dyffryn', sef y gerdd a enillodd iddo ei gadair gyntaf yn Eisteddfod Gadeiriol y Bala yn 1907, pan oedd yn ugain mlwydd oed. Tair blynedd yn ddiweddarach, cynhaliwyd gorsedd arbennig yn Neuadd Blaenau Ffestiniog i gyflwyno nifer o feirdd bro Ffestiniog o flaen Bryfdir, Bardd yr Orsedd. Dilynwyd yr orsedd gydag arwest ar lan Llyn y Morynion, Llan Ffestiniog ac yno rhoddodd Bryfdir enw barddol ar Ellis Humphrey Evans, sef yr enw a roddir arno'n arferol hyd heddiw: Hedd Wyn.

* * *

Ar ddechrau'r 20fed ganrif, swynwyd nifer o lanciau ardal Trawsfynydd gan addewidion pyllau glo de Cymru ac ar ddechrau 1909, yn ddwy ar hugain oed, cafodd Hedd Wyn waith ym mhwll glo Abercynon, gan letya yn rhif 46 Abercynon Terrace. Roedd yr oriau'n hir, y gwaith yn galed a'r hiraeth yn erchyll. Byr iawn fu oes y breuddwydion, a theg yw edrych tuag adref. Am dri mis yn unig yr arosodd Hedd Wyn yn Abercynon, oherwydd artaith yr hiraeth, fel mae'n cyfleu yn yr englyn hwn:

> Yn iraidd ŵr, fe ddof ryw ddydd – adref
> I grwydro'r hen fröydd;
> Yn y Sowth fy nghorffyn sydd,
> A f'enaid yn Nhrawsfynydd.

Flwyddyn yn ddiweddarach, ar ddydd Calan 1910, hwyliodd Dafydd, brawd Hedd Wyn o Lerpwl am Sydney, Awstralia. Bu'n gweithio yno fel gwas fferm am bwl, cyn symud yn ei flaen i Seland Newydd. Bu'n byw ac yn

Joe, Annie a Francis

Aeth yn arddwr a gwas bach i dŷ pâr newydd briodi ger Newgrange. Dotiai at fywyd a natur cefn gwlad – blodau gwylltion yn y meysydd a mwyeilch yn y coed oedd wrth fodd ei galon. Treuliodd dair blynedd yno, yn treulio'r oriau ar ddiwedd diwrnod gwaith yn darllen a sgwennu ar fwrdd y gegin hyd berfedd y nos.

Roedd yn benderfynol o aros yn yr ardal, felly âi o fferm i fferm yn yr ardal yn ôl y galw. Yn haf 1907, cyflogodd y cyngor gang i weithio ar ffyrdd yr ardal a chyda chymorth beic, treuliodd y cyfnod nesaf yn gweithio oriau hirion ar lonydd y sir. Roedd yn fywyd iach oedd yn dygymod â'r llanc tal ac athletig. Mwynhâi'r natur a'r byd o'i gwmpas hefyd – yn ddiweddarach, canodd nifer o gerddi am y bywyd a welodd yn y cloddiau ac yn y boreau cynnar ar y ffordd. Daeth enwau'r lleoedd bychain y bu'n gweithio ynddynt i fydryddiaeth ei linellau hefyd.

Ailagorwyd pwll mwyn copr yn yr ardal ac ymunodd Frank â'r gwaith peryglus dan ddaear. Cyhoeddwyd ei gerddi am y tro cyntaf yn y *Drogheda Independent*.

* * *

Teulu'r Ysgwrn, gyda Hedd Wyn yn y cefn ar y chwith

gweithio yn ardal Christchurch am rai blynyddoedd, gan farw'n ddyn ifanc, yn ddeg ar hugain mlwydd oed, o ffliw Sbaen yn 1918.

* * *

Yn ôl yn yr Ysgwrn, parhaodd Hedd Wyn i gyfansoddi cerddi a bu'n ymhél â beirdd a newyddiadurwyr yr ardal, gan gynnwys Ioan Brothen, Lewis Jones (Glan Edog), J. W. Jones (Joni Bardd), Elfyn (Robert Owen Hughes) a fu'n olygydd *Y Glorian* o 1899 ymlaen a J. D. Davies, perchennog papur newydd *Y Rhedegydd*. Cyhoeddwyd ei farddoniaeth yn y ddau gyhoeddiad. Morris Davies (Moi Plas) o Blas Capten, fferm sy'n ffinio â'r Ysgwrn oedd ei ffrind pennaf a'r ddau ohonynt yn aelodau blaenllaw o gymuned Trawsfynydd. Bu Hedd Wyn yn arweinydd eisteddfod byrlymus a phoblogaidd ac yn athro yn yr Ysgol Sul.

* * *

Pan sefydlwyd clwb pêl-droed Gwyddelig yn Slane, Frank oedd un o'r aelodau cyntaf. Dan ddylanwad Theatr yr Abbey, ymunodd â chwmni drama brwd yn y dref. Parhaodd i ddysgu'r Wyddeleg ar ei ben ei hun ac astudio hanes a llenyddiaeth a chyhoeddi cerddi yn *The Young Gael*.

Yn ddwy ar hugain oed, daeth y pwll mwyn i ben yn 1914 a dychwelodd Frank i weithio ar y ffyrdd, ond y tro hwn yn giaffar yn ardal Kells. Daeth yn gyfeillion gydag aelodau o Gynghrair y Wyddeleg yn Navan gan fwynhau croeso a lletygarwch Matty McGoona a'i deulu ar eu fferm, oedd yn cynnwys perllan pum acer lle treuliai lawer o'i amser yn sgwennu, darllen a thrafod.

Deffrowyd ei chwilfrydedd yn chwedlau ei wlad, a mytholeg Geltaidd am y tro cyntaf, ac roedd y gwmnïaeth a'r miri yn y Conyngham Arms yn apelio ato yn fawr.

* * *

Yn 1912 daeth Frank i gysylltiad â'r Arglwydd Dunsany – awdur enwog yn swydd Meath – a noddwr y celfyddydau. Anfonodd lond llyfr sgwennu o'i gerddi ato a gofyn am ei farn ar eu gwerth barddonol. Ymhen hir a hwyr daeth yr ateb – ac agorodd porth newydd o'i flaen.

Roedd yr Arglwydd Dunsany yn rhan o ddeffroad llenyddol Iwerddon ar y pryd, yn awdur dramâu a gâi eu perfformio yn Nulyn a'r West End yn Llundain. Roedd yn adnabod Yeats ac Oliver St John Gogarty ac wedi cyhoeddi cerddi a straeon byrion. Drwy'i gysylltiadau, gwelodd Frank ei gerddi'n cael eu cyhoeddi yn *The Saturday Review* ar dâl o chwe swllt y llinell – am un gerdd 28 llinell o hyd, roedd yn cael cyflog saith wythnos i giangar ar y ffordd. Bu hyn yn ysgogiad newydd i'r bardd ifanc a dysgodd fwy am dechneg a chwaeth yng nghysgod ei noddwr. Derbyniodd wahoddiadau i ddarllen ei gerddi yng nghymdeithasau llenyddol Dulyn a chael ymateb gwresog.

Teithiodd Hedd Wyn yn aml ar y trên i fyny i Flaenau Ffestiniog, i ymweld â'r llyfrgell a darllen y llyfrau a'r cerddi oedd wrth fodd ei galon – cyfrolau Cymraeg a Saesneg, o waith Shelley, Keats a Tennyson a fu mor ddylanwadol ar rai o'i gerddi mwyaf rhamantaidd. Cafodd awen farddol gan fyd natur a'r elfennau ac yno gwelodd waith Duw ar ei gryfaf. Gyda'i dafod yn sownd yn ei foch, ysgrifennodd mewn llythyr o Abercynon yn 1909, 'Gyda chofion at wlaw a gwynt Trawsfynydd'.

* * *

Daliodd Hedd Wyn ati i gystadlu mewn eisteddfodau a chystadlaethau barddoni a chafodd gryn lwyddiant arni, gan ychwanegu pedair cadair arall i'w gasgliad: Pwllheli (1913), Llanuwchllyn (1913), Pontardawe (1915) a Llanuwchllyn (1915). Anfonodd gerddi i sawl eisteddfod arall, gan gynnwys Eisteddfod Dolgellau ac Eisteddfod y Nadolig, Blaenau Ffestiniog, ond ni chyrhaeddodd y brig. Bu'n cystadlu mewn nifer o fân gystadlaethau hefyd, mewn eisteddfodau lleol ac yng nghyfarfodydd llenyddol y Capel ac enillodd geiniog neu ddwy am ei waith. Roedd uchelgais Hedd Wyn wedi'i hoelio ar wobr cadair yr Eisteddfod Genedlaethol a chystadlodd amdani am y tro cyntaf yn 1914, y flwyddyn y dechreuodd y Rhyfel Byd Cyntaf. 'Eryri' oedd y testun y flwyddyn honno a chyflwynodd Hedd Wyn awdl a oedd yn ymdrin â chwedloniaeth yr ardal a oedd mor agos at ei galon. Roedd yr eisteddfod i fod i'w chynnal ym Mangor ym Medi 1914, ond oherwydd y rhyfel, fe'i gohiriwyd am flwyddyn ac yn 1915, darniwyd awdl Hedd Wyn gan y beirniaid. Gwobrwywyd cadair a choron yr Eisteddfod Genedlaethol y flwyddyn honno i un arall o feirdd Eryri, T. H. Parry-Williams. Dal ati wnaeth Hedd Wyn a chafodd well hwyl arni yn Eisteddfod Genedlaethol Aberystwyth 1916, gan ddod yn ail gyda'i awdl, 'Ystrad Fflur'.

* * *

Erbyn ei fod yn bump ar hugain oed, roedd Frank wedi gwneud cryn enw iddo'i hun. Pan fyddai'n diosg ei ddillad gwaith, byddai'n gwisgo crys gwyn a rhuban sidan du yn hytrach na thei. Tyfodd ei wallt yn llaes a byddai sbectol gron ar ei drwyn – gan ei fod yn fardd, teimlai fod yn rhaid iddo ddechrau edrych fel un, a byddai tipyn o dynnu'i goes ar gyfri hynny. Ond ni throdd ei gefn ar ei gymdogaeth leol – roedd yn gyfaill mawr i'r athro newydd yn Slane, Paddy Healy ac i Peter McGovern, aelod o dîm pêl-droed Gwyddelig y dref. Byddai'r tri ohonynt yn sgwrsio'n frwd mewn tafarnau. Yn y cyfnod hwn, syrthiodd Frank mewn cariad ag Ellie Vaughey o deulu amaethyddol cefnog o Slane oedd yn gweithio mewn siop frethyn yn Drogheda. Byddent yn mynychu ceilis yn yr ardal gyda'i gilydd ond nid oedd dyfodol i'w perthynas. Yn y gymdeithas wledig yr oeddent

yn rhan ohoni ar y pryd, ni fyddai merch fferm fel Ellie yn cael ei rhoi i weithiwr ffordd o fardd.

*Ellie Vaughey, yn y dillad tywyll
yng nghanol y llun, 1908*

Rhai o gadeiriau Hedd Wyn o flaen yr Ysgwrn

*   *   *

Roedd Hedd Wyn yn brysur ddod yn fardd adnabyddus iawn drwy'r ardal a thu hwnt a byddai ei ffrindiau wrth eu boddau yn ymffrostio yn ei lwyddiannau. Roedd yn gymeriad rhadlon, naturiol a phoblogaidd iawn, yn un o aelodau hwyliog 'Criw y Groesffordd'. Un digon cyffredin ei olwg oedd Hedd Wyn, yn ôl y disgrifiadau cyfoes ohono, o daldra arferol, gydag wyneb hir a main a llygaid gleision disglair. Disgrifiodd Hedd Wyn ei hun fel un 'garw' a chafodd ei ddisgrifio gan aml un arall fel creadur hwyliog ond swil, diniwed ond beiddgar, gydag ysbryd arbennig yn perthyn iddo. Byddai'n cyfarfod cyfeillion o bob lliw a llun mewn tafarndai i ddathlu llwyddiant mewn cystadleuaeth, neu i drafod pynciau'r dydd ac roedd hynny'n destun poeni garw i'w fam, Mary, a'i gariad, Jini. Bu Hedd Wyn yn treulio amser yng nghwmni ambell un o ferched yr ardal. Cyfansoddodd farwnad ac englyn er cof am ei gariad, Lizzie Roberts, a fu farw o'r dicâu yn 32 mlwydd oed a

73

* * *

Daeth serch – a cholli serch – yn elfen arall o ganu Frank Ledwidge. Roedd y dychymyg a'r awen yn cynnig byd arall iddo, yn rhydd o amgylchiadau bob dydd. Casglwyd hanner cant o'i gerddi ac roedd gobaith y byddent yn cael eu cyhoeddi'n gyfrol, *Songs of the Field*.

Roedd undebaeth lafur wedi bod yn agos at galon Frank erioed. Roedd yn un o sefydlwyr cangen Slane o Undeb Llafur Meath – cyfunai weledigaeth James Connolly a Padraig Pearse yn ei fywyd, heb weld gwrthdrawiad rhwng diwylliant a chrefydd draddodiadol ac egwyddorion sosialaidd a chwyldroadol. Penderfynwyd cyflogi ysgrifennydd sirol i'r undeb yn Nhachwedd 1913 a derbyniodd Frank y gwaith am flwyddyn gan agor swyddfa i'r undeb yn Navan. Golygai hyn bymtheng milltir o feicio'r dydd yn awr yn hytrach na deugain milltir – a dychwelodd i fyw i'r hen aelwyd.

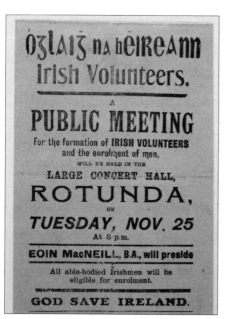

Cyfarfod cyntaf yr Irish Volunteers

Dysgodd Frank deipio a llaw fer a chafodd ambell gomisiwn i sgwennu erthyglau i bapurau newydd. Roedd hunanlywodraeth i Iwerddon yn bwnc llosg – yn Ionawr 1913, pasiwyd trydydd darlleniad y Ddeddf Hunanlywodraeth yn Nhŷ'r Cyffredin, San Steffan ac roedd aelodau Sinn Fein yn dathlu. Dair wythnos yn rhoddodd englynion a cherddi serch i'w chwaer ieuengaf, Enid, i'w cario i Ysgol Trawsfynydd i Miss Mary Catherine Hughes, athrawes dan hyfforddiant yn yr ysgol. Serch hynny, i Jini Owen, merch o Lan Ffestiniog, y perthynai calon Hedd Wyn.

*   *   *

Teimlai Hedd Wyn yn anghysurus o ddiffygiol am ei addysg fer, ond treuliodd lawer o amser yng nghwmni pobl addysgiedig, gan gynnwys beirdd a newyddiadurwyr adnabyddus yr ardal. Un o'r rhain oedd R. Silyn Roberts, bardd a gweinidog a dan ei ddylanwad ef a cherddi'r bardd Saesneg, Shelley, dechreuodd Hedd Wyn ymddiddori mewn sosialaeth. Gwelodd anghyfiawnderau yn y byd o'i gwmpas, o amodau perchennog tir yr Ysgwrn, Charles Arm-strong Jones, Caernarfon ac yn ddiweddarach, Charles Alfred Jones, Caernarfon, i erchyllter y Rhyfel Byd Cyntaf.

Doedd gan Brydain ddim deddf orfodaeth milwrol ar ddechrau'r rhyfel, yn wahanol i wledydd eraill yn Ewrop. O'r herwydd, roedd y peiriant propaganda yn hollbwysig i'r awdurdodau fedru cymell dynion i ymuno â'r lluoedd arfog. Dad-ddynoli'r gelyn, yr Almaen, oedd un nod, a pherswadio'r cyhoedd mai lladd milwyr Almaenig a marw dros Ymerodraeth Prydain oedd y cyfraniad gorau y gellid ei roi, yn un arall.

Poster recriwtio wedi'i anelu at y Cymry

Cyfarfod cynnar o'r Irish Volunteers yn ardal Dulyn

ddiweddarach, gwrthodwyd y mesur gan Dŷ'r Arglwyddi ac anwybyddwyd deddf newydd oedd yn dileu grym yr Arglwyddi i atal mesur am y trydydd tro.

Gwrthwynebid hunanlywodraeth gan gefnogwyr Edward Carson yn Ulster a sefydlwyd yr Ulster Volunteers i ddal eu tir drwy rym, pe bai'n rhaid. Yn Nhachwedd 1913, ffurfiwyd yr Irish Volunteers mewn cyfarfod mawr yn Nulyn ac o'r dechrau ystyriwyd y 3,000 o aelodau oedd ganddynt o'r diwrnod cyntaf fel adain filwrol y cenedlaetholwyr Gwyddelig. Lledodd y mudiad drwy'r wlad ac roedd Frank a'i frawd Joe ymysg sylfaenwyr Catrawd Slane, gyda Frank yn ysgrifennydd arni. Aeth Frank at ei chwaer ym Manceinion i weithio ar waith y Volunteers ac i sefydlu cangen yno.

Byddai'r Volunteers yn Slane yn ymarfer drilio ddwy noson yr wythnos ac yna'n gorymdeithio cryn bellter ar y Suliau i ymuno ag unedau eraill y fyddin. Tyfai'r rhengoedd

*Lloyd George, fu'n ceisio creu 'Byddin Gymreig' i ddenu'r Cymry,
yn cael ei weld fel pibydd brith yn arwain y llanciau i'r rhyfel*

Doedd y nodau hyn ddim yn cydorwedd yn gysurus â gwerthoedd y Cymry Anghydffurfiol, nac ychwaith gyda gwerthoedd sosialwyr, a gredai bod rhyfel yn fodd arall i gyfalafwyr elwa. Serch hynny, cafodd y rhyfel ei gyfleu fel brwydr dros ryddid y cenhedloedd bychain, gan fod ymerodraethau'r Almaen ac Awstria-Hwngaria wedi sathru ar annibyniaeth Serbia a gwlad Belg. Roedd safle David Lloyd George, fel Gweinidog Rhyfel ac yn ddiweddarach fel Prif Weinidog yn ffactor pwysig i ddenu Cymry i'r lluoedd arfog ac annog cefnogaeth Gymreig i ymgyrch y rhyfel. Dywedir bod 13.8% o boblogaeth Cymru wedi ymuno â'r lluoedd arfog yn ystod y Rhyfel Byd Cyntaf, er gwaethaf y driniaeth sarhaus a gafodd nifer o Gymry Cymraeg mewn catrodau Seisnig.

Ym mlynyddoedd cynnar y rhyfel, bu Hedd Wyn yn canu am effaith y rhyfel ar gymuned Trawsfynydd, mewn cerddi fel 'Plant Trawsfynydd 1914' a 'Plant Trawsfynydd 1915', ond wrth i ragor o newyddion gyrraedd yn ôl am erchyllterau'r rhyfel, newidiodd cywair canu rhyfel Hedd Wyn. Yn sgil marwolaeth yr Is-gapten Deio Evans, mab meddyg Blaenau Ffestiniog, yn Chwefror 1916,

Yr Irish Volunteers yn cario gynnau ar ei beics o harbwr Howth

yn ôl 2,000 o wirfoddolwyr y dydd ac erbyn dechrau 1914 roedd dros 125,000 o aelodau, gyda nifer o gyn-swyddogion catrodau'r fyddin Brydeinig ymysg yr arweinwyr.

Daeth arfau i'r gwirfoddolwyr drwy'r llongau Almaenig a ddaeth i Howth a Kilcoole – er bod tro chwerw wedi digwydd yn Howth pan saethodd milwyr Prydeinig at dyrfa yn Bachelor's Walk, gan ladd tri ac anafu pedwar ugain.

Prin sôn fu yn Iwerddon am ladd Arch-ddug Ferdinand yn Sarajevo ar 28ain Mehefin ond daeth yn amlwg i bawb bod rhyfel mawr imperialaidd ar y gorwel pan ymosododd Awstria-Hwngaria ar Serbia. Pan gyhoeddodd Lloegr ryfel yn erbyn yr Almaen ar 4ydd Awst, aeth Arglwydd Dunsany i'r ganolfan recriwtio agosaf yn Nulyn i ymuno fel capten yn y Royal Inniskilling Fusiliers a dechrau hyfforddi ym marics Richmond.

Gohiriwyd cyhoeddi *Songs of the Fields*.

*   *   *

Rhai o golledion ardal Trawsfynydd yn y Rhyfel Mawr

cyfansoddodd Hedd Wyn un o'i englynion mwyaf adnabyddus, 'Nid â'n Ango':

> Ei aberth nid â heibio, – ei wyneb
> Annwyl nid â'n ango,
> Er i'r Almaen ystaenio
> Ei dwrn dur yn ei waed o.

Ym mis Ionawr 1916, pasiodd Llywodraeth Prydain, y Ddeddf Orfodaeth Milwrol gyntaf. Gorchmynnodd y ddeddf hon bod pob dyn di-briod, rhwng deunaw a deugain ac un mlwydd oed, i ymuno â'r lluoedd arfog. Er gwaethaf dadleuon Hedd Wyn mewn tribiwnlys ym Mlaenau Ffestiniog, ei fod yn cyfrannu at achos y rhyfel drwy ei waith amaethyddol, gartref yn yr Ysgwrn, gyda'i frawd bach, Bob ar drothwy ei ddeunaw oed, mynnodd yr awdurdodau y byddai'n rhaid i un o feibion yr Ysgwrn ymuno â'r fyddin. Cyn iddo gael ei orfodi i ymuno, aeth Hedd Wyn i Flaenau Ffestiniog i gofrestru ym mis Ionawr 1917.

*   *   *

Parhâi Frank i chwilio am ysbrydoliaeth newydd i'w gerddi. Roedd cyfieithiad Charlotte Guest o'r Mabinogi yn boblogaidd ymysg llenorion y Dadeni Gwyddelig a chyfansoddodd Frank gerdd, 'The Wife of Llew'.

> 'They took the violet and the meadowsweet
> To form her pretty face, and for her feet
> They built a mound of daisies on a wing,
> And for her voice they made a linnet sing
> In the wide poppy blowing for her mouth.'

Roedd Frank yn dal i hiraethu ar ôl Ellie ac yn ei chael hi'n anodd dygymod â'r golled. Roedd hi'n cadw cwmni i John O'Neill, gŵr golygus oedd ar staff stad helaeth ger Drogheda erbyn hynny. Ond yn Ionawr 1914, cyfarfu Frank â Lizzie, merch ieuengaf Paddy'r athro, a dotiodd at ei diddordeb mewn barddoniaeth. Roedd hi'n gantores dda hefyd. Dechreuodd y ddau gadw cwmni a sgwennu llythyrau at ei gilydd.

* * *

Ar Sul, 15fed Awst, roedd rali sirol fawr o 2,500 o'r Irish Volunteers yn Slane, ac roedd Frank yn brysur fel un o'i threfnwyr. Roedd hyd yn oed meistri'r plasau lleol wedi addo bod yn bresennol, er mwyn dangos wyneb unedig yn erbyn Ulster. Dechreuodd yr awdurdodau ddangos mwy o ddiddordeb yn y Volunteers bellach, gan eu hystyried yn darged da ar gyfer ymgyrch recriwtio. Gyda thyrfa fawr yn eu gwylio, gorymdeithiodd y Volunteers ar faes mawr, banerog i sŵn y bandiau pib. Ond roedd diniweidrwydd a chyfrwystra gwleidyddol ochr yn ochr yno, gyda'r marquis a'r viscount lleol yn aelodau ac yn galw am undod wrth 'amddiffyn ein gwlad'. Canwyd *God Save Ireland* a *God Save the King*.

Cyfansoddodd Hedd Wyn nifer o gerddi am y Rhyfel Mawr – o safbwynt effaith y rhyfel ar gymuned Trawsfynydd, yn ogystal ag am ei brofiadau fel milwr, gan gynnwys 'Rhyfel', 'Plant Trawsfynydd 1914', Plant Trawsfynydd 1915', 'Marw Oddi Cartref', 'Gwersyll Litherland' ac 'Y Blotyn Du':

Nid oes gennym hawl ar y sêr,
Na'r lleuad hiraethus chwaith,
Na'r cwmwl o aur a ymylch
Yng nghanol y glesni maith.

Nid oes gennym hawl ar ddim byd
Ond ar yr hen ddaear wyw;
A honno sy'n anhrefn i gyd
Yng nghanol gogoniant Duw.

Jini Owen oedd cariad Hedd Wyn yng nghyfnod y rhyfel a chyfansoddodd amryw o gerddi iddi hi, yn aml yn defnyddio'r enw anwes 'Sian' ar ei chyfer. Petai a phetasai – pwy a ŵyr fydden nhw wedi priodi pe bai Hedd Wyn wedi goroesi'r rhyfel – ond mae'r llu o gerddi a gyfansoddodd ar ei chyfer yn awgrymu bod ganddo feddwl y byd o Jini. Anfonodd gyfres o benillion ysgafn ac annwyl o'r rhyfel at Jini, i ddymuno pen-blwydd hapus iddi yn saith mlwydd ar hugain, gan gynnwys y pennill hwn:

Gwn fod bywyd yn heneiddio
    Ac yn mynd yn hŷn,
Ond mae'm serch fel haf diwywo
Atoch chwi yn dal yr un.

* * *

Dangosodd Ail Ryfel y Boer, rhwng Prydain a De Affrica, wendidau garw ym myddin Prydain ac yn ei sgil aethpwyd ati i geisio cryfhau safle'r fyddin Brydeinig. Un strategaeth

Wrth i fis cynta'r rhyfel fynd rhagddo, tynnwyd milwyr y fyddin Brydeinig o'u barics ledled Iwerddon. Credai Frank, fel eraill, y byddid yn galw ar yr Irish a'r Ulster Volunteers ar y cyd i warchod glannau Iwerddon ac y byddai hynny'n arwain at wireddu'r freuddwyd o Iwerddon Unedig.

* * *

Gohiriwyd mesur hunanlywodraeth Iwerddon. Areithiodd John Redmond, arweinydd y cenedlaetholwyr yn Wicklow dros yr angen i ymladd dros gyfiawnder a rhyddid yn y rhyfel hwn, nid yn unig yn Iwerddon, ond lle bynnag y byddai'r tanio'n digwydd. Crëwyd rhwyg – ffurfiwyd y National Volunteers dan John Redmond ond arhosodd nifer yn yr Irish Volunteers, dan Eoin MacNeill, yn ffyddlon i'r nod gwreiddiol o ryddid rhag gormes yr ymerodraeth Brydeinig.

Cynhaliwyd cyfarfodydd i drafod y rhwyg ym mhob cangen drwy Iwerddon. Yn Slane, roedd llond neuadd o blaid Redmond gyda dim ond chwe aelod – yn cynnwys y brodyr Ledwidge – yn gwrthwynebu. Wrth adael y neuadd, trodd Frank ei gefn ar y mudiad yr oedd wedi gweithio mor galed i'w sefydlu yn yr ardal.

Wrth i fyddin a llynges Prydain gael colledion trymion yn y misoedd cyntaf, lledaenodd ofn gwirioneddol y gallasai Lloegr gwympo. Beth fyddai hanes Iwerddon pe digwyddai hynny? Cyhoeddodd yr Eglwys Gatholig yn Iwerddon eu bod o blaid atal yr Almaen oherwydd y difrod a wnaed i eglwysi Pabyddol yng ngwlad Belg. Roedd eraill yn gweld Iwerddon yn agosáu at wrthryfel arfog anorfod yn erbyn gormes Prydain ac yn credu na fyddai ychydig o hyfforddiant milwrol ddim yn ddrwg i gyd yn y cyfamser: '*Trained men will come in handy*'.

* * *

ar gyfer cyflawni hyn oedd datblygu a rhoi hyfforddiant magnelaeth i'r Fyddin Diriogaethol, yn cynnwys rheng o filwyr ategol o wirfoddolwyr, milisia ac iwmyn a sefydlwyd yn ystod Rhyfeloedd Napoleon. Yn 1903, sefydlwyd maes magnelau ar fferm Bryn Golau, ger Trawsfynydd, sef y fferm agosaf at yr Ysgwrn, cyn symud i leoliad newydd yn Rhiw Goch a Chwm Dolgain yn 1905. Daeth maes magnelau Trawsfynydd yn lleoliad pwysig ar gyfer hyfforddi milwyr, a chynyddodd y presenoldeb milwrol yn yr ardal yn y cyfnod yn arwain at ddechrau'r Rhyfel Byd Cyntaf yn 1914. Roedd Hedd Wyn yn ymwybodol o bresenoldeb y fyddin yn y fro a gwelodd effaith militariaeth a'r newidiadau mawr a ddaeth i dirlun a chymdeithas Cwm Dolgain ac ardal Trawsfynydd yn ei sgil.

* * *

Gyda'r rhyfel yn tynnu cymaint o fechgyn ifanc o ardaloedd cefn gwlad Cymru, daeth cyfle i nifer o ferched ifanc fentro i fyd addysg uwch a gwaith amaethyddol. Roedd Mary, yr hynaf o chwiorydd Hedd Wyn yn un o'r rhain, ac yn 1917, dechreuodd ei hastudiaethau yng Ngholeg Madryn ger Morfa Nefyn ym Mhen Llŷn. Yn y Coleg, cafodd gyfle i ddysgu crefftau domestig newydd, megis sut i gynhyrchu caws a sut i drin gwenyn. Yn Hydref 1917, ysgrifennodd lythyr at ei rhieni, yn canmol Coleg Madryn a'r croeso a dderbyniodd yn Llŷn, i'r entrychion. 'Rwyf yn hoffi'r lle hwn yn gampus,' meddai yn ei llythyr, gan siarsio'i rhieni deirgwaith ynddo i gofio anfon pres ati, gan nad oedd hi wedi cael cyflog am fynd adref i helpu yn ystod y cynhaeaf gwair. Gwelodd Mary ei bod yn cael cyfle arbennig iawn yng Ngholeg Madryn ac roedd ganddi obeithion mawr ar gyfer y dyfodol: 'Chwi welwch fy mod mewn lle uchel iawn: mae'n well fil o weithiau na gweini.' Cafodd y Rhyfel Mawr effaith barhaol ar gymdeithas, gan arwain at gynnydd yn rôl merched mewn bywyd cyhoeddus ac ym myd gwaith, gyda nifer o ferched yn llenwi swyddi'r dynion a oedd wedi

Daliai Redmond i honni y byddai oren Ulster a gwyrdd Iwerddon gyda'i gilydd yn ffosydd Fflandrys yn creu undod fyddai'n esgor ar Iwerddon rydd, hapus a llewyrchus. Rhoddid pwysau ar Sinn Fein mai'r Gwyddelod yn ffosydd Ewrop oedd y gwir genedlaetholwyr, ond dadleuai Frank bod dwy neges wahanol yn cael eu cyflwyno gan yr ymgyrch recriwtio. Yn Ulster, 'Ewch i ymladd gyda'r Ffrancwyr gwrth-Babyddol' oedd y gri, ond yn ne Iwerddon: 'Ewch i gefnogi Belg Gatholig'. Dyfnhau'r rhwyg nid eu huno yr oedd y rhyfel.

Cyhuddwyd Frank o fod o blaid yr Almaenwyr ac o fod yn gachgi. Teimlai'n ynysig, heb gysylltiad â Sinn Fein na Chynghrair yr Wyddeleg na gweddillion gwasgaredig yr Irish Volunteers.

Ar 24 Hydref, ymunodd â'r Royal Inniskilling Fusiliers ym marics Richmond, Dulyn. Wrth esbonio hyn yn ddiweddarach, dywedodd na allai oddef gwrando ar y Fyddin Brydeinig yn dweud ei bod wedi amddiffyn Iwerddon rhag y gelyn tra bod y cenedlaetholwyr yn eistedd ac yn siarad adref.

Roedd Ellie a John O'Neill yn canlyn yn glòs erbyn hynny.

* * *

Nid oedd propaganda a jingoistiaeth yr awdurdodau wedi twyllo Frank Ledwidge, ond roedd yntau'n credu mai rhyfel byr oedd i fod. Roedd wedi mwynhau'r ymarfer corfforol a'r ddisgyblaeth yn yr Irish Volunteers a chredai y byddai'n fwy o ddefnydd i'w fudiad ar ôl derbyn hyfforddiant proffesiynol. Ar ben hynny, roedd y Fyddin Brydeinig yn cynnig cyflog o seithswllt yr wythnos a chyfle i deithio. Roedd hyd yn oed y cenedlaetholwyr Gwyddelig yn credu bod yr ymerodraeth fawr drws nesaf yn anorchfygadwy.

ymuno â'r lluoedd arfog. Ar ôl derbyn y cyfleoedd hyn, doedd nifer o ferched ddim yn fodlon dychwelyd i'w rôl draddodiadol o fewn y cartref ar ddiwedd y rhyfel, gan arwain at Ddeddf Cynrychiolaeth y Bobl 1918, a roddodd y bleidlais i rai merched ac i ragor o ddynion dosbarth gweithiol. Yn dilyn ei hyfforddiant yng Ngholeg Madryn, aeth Mary i weithio ar fferm yn ardal Winchester ac yno priododd â Bert, postmon lleol a magu ei nai, Reg Williams, yn dilyn marwolaeth ei chwaer fach, Ann.

*   *   *

Doedd gan Hedd Wyn ddim blewyn o ddiddordeb mewn codi arfau. Gwnâi hyn yn erbyn llanw'r propaganda rhyfel a ryddhawyd i gynhyrfu dynion ifanc a cheisio'u cymell i gofrestru â'r lluoedd arfog. Geiriau pwerus fel 'Cas gŵr nid cas ganddo elyn ei wlad: Cymru am byth!' – geiriau a fyddai'n chwarae ar emosiynau gwladgarol y bechgyn, i geisio'u hargyhoeddi bod hwn yn rhyfel ar gyfer rhyddfreinio'r cenhedloedd bychain. Bu Hedd Wyn yn gweithio yn yr Ysgwrn drwy flynyddoedd cyntaf y rhyfel a hynny'n atgas gan nifer o drigolion Trawsfynydd a fyddai'n ei gyhuddo o fod yn llwfr, tra bod hogiau ifanc eraill o'r pentref yn ymuno â'r lluoedd arfog. Byddai mam Hedd Wyn yn ceisio'i berswadio i gadw draw o'r pentref, rhag iddo dynnu blew o drwyn rhai o'r pentrefwyr. Gwrthododd Hedd Wyn wirfoddoli i ymuno â'r Fyddin Brydeinig nes daeth y bygythiad i'w frawd bach, Bob, orfod ymuno. Ar hynny, penderfynodd Ellis mai ei gyfrifoldeb o, fel y brawd mawr, oedd amddiffyn ei frawd bach ac mai fo ddylai fod yr un i ymuno â'r fyddin. Yn ddeunaw oed, teimlai Ellis fod Bob yn rhy ifanc i ymuno. Gwirfoddolodd Ellis i ymuno â'r fyddin, ac aeth i Flaenau Ffestiniog i gofrestru, cyn cael ei alw am brawf meddygol. Pasiodd y prawf hwnnw ac yn fuan wedyn, derbyniodd le ym 15fed Bataliwn y Ffiwsilwyr Brenhinol Cymreig a chafodd alwad i fynd i dderbyn ei hyfforddiant milwrol i wersyll Litherland, ger Lerpwl ddechrau 1917.

Ynghyd â chyd-filwr o Belfast – Robert Christie – ymunodd Frank â chylch cymdeithasol y llenorion yn Nulyn. Un dydd yn ystod y gaeaf hwnnw, darllenodd am briodas Ellie a John yn y papur lleol. Disgynnodd cwmwl o iseldra drosto, ond daliai i sgwennu llythyrau a chyfarfod â Lizzie ambell dro.

Gadawodd y gatrawd farics Richmond yn Ebrill 1915 gyda thorfeydd yn bonllefain bob cam o'u taith i'r llong yn yr harbwr. Deuai rhai at y milwyr gan stwffio sigarennau, bisgedi, fferins a hyd yn oed poteli o stowt i'w pocedi.

Trên o Lerpwl wedyn i wersyll arall yn Basingstoke, swydd Hamp.

* * *

Roedd Dunsany yn y gwersyll hwnnw ac ym Mehefin aeth y ddau drwy broflenni terfynol *Songs of the Fields*.

Bellach, ymunodd Twrci â'r rhyfel ar ochr yr Almaen. Trefnwyd ymosodiad arni drwy Gulfor Dardanelles gyda chefnogaeth y llynges. Dyma un o ymgyrchoedd mwyaf ofer y rhyfel i gyd. Ar gost o 20,000 o fywydau, roedd 30,000 o filwyr o Brydain, Awstralia a Seland Newydd wedi cael troedle peryglus ar draethau cul o dan gylch o fryniau lle roedd gynau'r Twrciaid yn tanio atynt drwy'r dydd, bob dydd.

Penderfyniad Kitchener oedd anfon degau o filoedd o filwyr ychwanegol i'r trap angheuol yn Gallipoli – gyda chatrawd Frank Ledwidge yn eu mysg. Roedd yn dal i sgwennu cerddi ar ddarnau o amlenni yn ei boced ac roedd y rhyfel a'i golledion bellach yn amlwg yn y fydryddiaeth honno, er mai marwnadau i Ellie oedd rhai ohonynt. Roedd Ellie wedi marw ym Manceinion ym mis Mehefin yn dilyn beichiogrwydd anodd ac roedd Frank wedi gadael y gwersyll am chwe niwrnod er mwyn mynd i Fanceinion a Slane i ddilyn ei hangladd.

*   *   *

Go brin bod Hedd Wyn wedi llyncu propaganda'r awdurdodau. Parhaodd i gyfansoddi cerddi a oedd yn herio'r drefn a diben y rhyfel. 'Gwae fi fy myw mewn oes mor ddreng,' meddai yn un o'i gerddi mwyaf adnabyddus, 'Rhyfel'. Cyfansoddodd gerddi am fywyd yn y barics yn Litherland a tharodd ar ambell gyfeillgarwch a fu'n hollbwysig iddo am gyfnod byr ond tyngedfennol yn ei hanes, er enghraifft un o glercod Litherland, J. B .Thomas.

Cerflun Hedd Wyn yn Nhrawsfynydd – yn ei ddillad bugeilio

Ysbrydolwyd un o'r englynion hyn gan wersyll Litherland:

> Er dur wae y brwydro erch – hwyliasant
> I lysoedd gwyn traserch;
> Yno mae pob rhyw lannerch
> Yn rosins aur a swyn serch!

Bu Litherland yn gartref i ddau o feirdd eraill y Rhyfel Byd Cyntaf, sef Siegfried Sassoon a Robert Graves. Roedd y ddau yma yn Litherland yn yr un cyfnod ac yn gyfeillion da. Gwobrwywyd Sassoon â'r Groes Filwrol am ei ddewrder ym mis Mehefin 1916, ond flwyddyn yn ddiweddarach, roedd ei deimladau at y rhyfel wedi newid. Erbyn hynny, teimlai y gellid dod â'r rhyfel i ben drwy drafod, er mwyn dod â dioddefaint y milwyr i ben. Credai

Trên o'r gwersyll i Devonport ac yna ar fwrdd yr *SS Novian* am y Môr Canoldir. Glanio yn y nos ar un o draethau Gallipoli yn nechrau Awst a cholli 19,000 o filwyr cyn cilio liw nos, heb ennill llathen o dir, yn nechrau Ionawr 1916.

*   *   *

Aeth y llynges â Frank a'i gyd-filwyr o Dwrci i fryniau Groeg a Serbia i ddal y ffin yn wyneb byddin Bwlgaria – i Salonika, gwlad hardd, fynyddig ond mewn ardal foel lle roedd prinder bwyd difrifol. Bu'n aeaf caled gyda llosg eira'n ddioddefaint cyffredin. Yno y derbyniodd Frank ei gopi cyntaf o *Songs of the Fields*. Cafodd gysur mawr yn y gyfrol – roedd fel bwyd a gwres iddo yn ôl pob tystiolaeth.

Cafodd adolygiadau brwd yn y *Times*, gan ddwyn cymhariaeth â cherddi Keats. Honnwyd yn *Bookman* nad oedd yr un bardd arall yn y Fyddin Newydd wedi cyfansoddi barddoniaeth ragorach. Gwerthwyd yr argraffiad cyntaf yn gyflym ac ailargraffwyd y gyfrol.

Bu'r ymateb cadarnhaol yn ysgogiad i awen Frank Ledwidge. Nid oedd wedi cyfansoddi llinell drwy'r ddeufis yn Gallipoli. Aeth ati i gyfansoddi o'r newydd ond nid oedd yn medru gwneud copïau ohonynt oherwydd prinder papur a difethwyd neu collwyd nifer o'r rhain yn ddiweddarach.

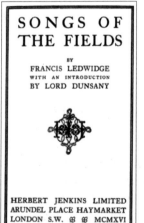

SONGS OF
THE FIELDS

BY
FRANCIS LEDWIDGE
WITH AN INTRODUCTION
BY LORD DUNSANY

HERBERT JENKINS LIMITED
ARUNDEL PLACE HAYMARKET
LONDON S.W. ⊗ ⊗ MCMXVI

Wrth gerdded y daith hir a garw i lawr o'r mynyddoedd drwy dywydd enbydus yn Rhagfyr, llewygodd Frank cyn cyrraedd y gwersyll. Treuliodd gyfnod yn adfer ei iechyd mewn ysbytai yn yr Aifft.

Dychwelodd Frank o'r Dwyrain Canol yn Ebrill 1916 i dreulio cyfnod

Sassoon nad oedd modd cyfiawnhau'r dioddefaint hwn na'r modd y cafodd bechgyn eu haberthu gan yr awdurdodau.

Er iddo gyfansoddi englyn 'Gwersyll Litherland' yn ystod ei hyfforddiant, ychydig iawn o awen a gafodd Hedd Wyn yn y barics. Mae'n debyg iddo fod wedi cyfansoddi tua hanner awdl 'Yr Arwr' cyn cyrraedd y gwersyll a chafodd gyfle pellach i weithio arni pan ddychwelodd i'r Ysgwrn ar *leave* o'r fyddin, i gynorthwyo gyda'r aredig. Doedd ei chwblhau ddim yn waith hawdd chwaith – bu'n rhaid i lawer o bobl, gan gynnwys Jini Owen, ddal ar Hedd Wyn i geisio'i chwblhau.

* * *

Hwyliodd bataliwn Hedd Wyn, 15fed Bataliwn y Ffiwsilwyr Brenhinol Cymreig, i Ffrainc ar 9fed Mehefin, 1917, yn barod ar gyfer Brwydr Passchendaele (sef trydedd brwydr Ypres). Wedi cyrraedd porthladd Le Havre yn Ffrainc, ymlaen wedyn i'r gwersyll milwrol ger Rouen, ac yna i Fléchin, pentref ar y ffîn rhwng Ffrainc a gwlad Belg ar ddechrau Gorffennaf. Cafodd Hedd Wyn brofiadau newydd amrywiol – o'r bendigedig i'r hunllefus – yn Ffrainc. Mae'n cyfleu hynny mewn llythyr a anfonodd o 'Rhywle yn Ffrainc' at ei gyfaill, H. O. Evans, a

Y Gadair Ddu a gludwyd o Eisteddfod Birkenhead i'r Ysgwrn

Thomas MacDonagh

mewn ysbyty ym Manceinion. Yno y clywodd am Wrthryfel y Pasg yn Nulyn. Deffrodd yr hen gyffro yn ei galon eto ond yna fe'i trawyd gan alar dwys wrth glywed am ddienyddio'r arweinwyr. Roedd ar dân eisiau gadael y fyddin ac ymuno â'r gwrthryfelwyr yn ôl yn Iwerddon ond roedd pob fferi i deithwyr wedi'u hatal dros dro. Pan lwyddodd i groesi'r môr yn y diwedd, fe'i cafodd hi'n amhosibl cysylltu â neb o'r gwrthryfelwyr. Cyfansoddodd farwnad delynegol i Thomas MacDonagh, bardd ac un o'r arweinwyr a ddienyddwyd.

Cafodd ei alw'n ôl i'r barics yn Derry a gorfod wynebu llys milwrol am fod yn hwyr. Casglodd ddeunydd ar gyfer ei ail gyfrol, *Songs of Peace*, a'i hanfon i'r wasg.

Erbyn Rhagfyr 1916, roedd cynlluniau ar gyfer ymosodiad mawr arall ar ffosydd yr Almaenwyr yn Fflandrys a Ffrainc ac roedd yn rhaid cael pob dyn posibl i'r gad. Cyn y Nadolig, roedd Frank ar gwch y milwyr ac ar ei ffordd gyda degau o filoedd eraill am harbwr Folkestone.

Cyrhaeddodd Frank Ledwidge feysydd y drychiolaethau yn ardal y Somme i ddechrau a hithau'n aeaf enbyd o rewllyd. Roedd y rhai oedd yn gorwedd yn eu clwyfau yn gyrff wedi rhewi'n gorn erbyn y byddai'r timau cario yn eu cyrraedd yn aml. Yno y derbyniodd broflenni *Songs of Peace* gan fethu ag adnabod rhai o'i gerddi – gan ei fod yn eu cyfansoddi'n gyflym pan gâi gyfle ac yna'n eu postio, nid oeddent yn aros yn ei gwmni'n hir.

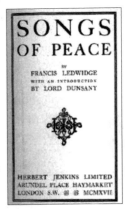

Ail gasgliad o gerddi

gedwir bellach yn Archif Gymraeg Prifysgol Bangor: 'Mae yma lawer math o bobol i'w gweled o gwmpas yma, gwelais lawer o Rwsiaid a difyr yw cael hamdden i edrych ar y rhai hyn, a gwybod eu bod yn dystion o dragwyddoldeb eisoes, – eu gwlad, eu caethiwed hen a'i deffro sydyn. Mae yma Indiaid lawer hefyd, eu gwalltiau fel rhawn, a thywyllwch eu crwyn yn felynddu, a'u dannedd fel gwiail marmor, a dylanwad eu duwiau dieithr ar bob ysgogiad o'u heiddo. Gwelais garcharorion Almaenaidd hefyd, roedd cysgod ymerodraeth fawr yn ymddatod yn eu llygaid, a haen o dristwch yn eu trem.'

Cerdyn post a gyhoeddwyd i fynegi hiraeth y Cymry am Hedd Wyn

*   *   *

Gadawodd Hedd Wyn ei gopi o'r awdl i'r Genedlaethol adref ac mae sawl stori wahanol am sut a pham y digwyddodd hynny. Yn sicr, ar ôl dychwelyd i Litherland, ysgrifennodd ei gyfaill, J. B. Thomas, gopi o'r awdl, ond nid dyna'r fersiwn derfynol. Daliodd Hedd Wyn ati i gywiro a mireinio'r awdl ac ni chwblhawyd hi nes iddo gyrraedd Ffrainc ac oddi yno anfonodd y fersiwn olaf un i law swyddogion yr Eisteddfod Genedlaethol. Roedd hi'n rhyddhad i Evan Evans, tad Hedd Wyn glywed ei fod wedi llwyddo i gwblhau'r awdl a mynegodd hynny yn ddiweddarach mewn llythyr at R. Silyn Roberts, gan ychwanegu, 'Mae yma hiraeth creulon ar ei ôl o hyd, a lenwir mo'r bwlch chwaith.'

Yn y gwres tanbaid a nodweddodd haf 1917, gadawodd Hedd Wyn a'i fataliwn, Fléchin, ar 15fed Gorffennaf, gan deithio am bum niwrnod nes cyrraedd dau

Ddiwedd mis Mawrth, gyrrwyd ei gatrawd i Arras, oedd dan warchae gynnau mawr yr Almaenwyr. Yn nechrau Ebrill, ymunodd Unol Daleithiau America â'r rhyfel, ond roedd y gost mewn bywydau yn uchel a'r afonydd o laid yn boddi'r rhai oedd wedi'u hanafu.

Yn niwedd Mai, bob cyfle a gâi oddi wrth y lein flaen, gweithiai ar gerdd hir am y bardd yn cyfarfod â – merch brydferth – Awen y Bardd Gwyddelig. Mae'n sôn wrtho am Dir na nÒg, y baradwys fythol-ifanc. Wrth ganolbwyntio ar y gerdd, cafodd freuddwyd mor fyw am Ellie nes ei fod yn credu ei fod wedi marw a chroesi'r afon ati.

Yn nechrau Gorffennaf, roedd dan gawod y gynnau mawr drachefn – y tro hwn yn nhrydedd brwydr Ypres.

Wedi wythnosau hafaidd, torrodd y tywydd yn niwedd Gorffennaf – niwl trwchus a glaw parhaus ddydd ar ôl dydd.

Y groes bren a roddwyd ar fedd Francis yn union ar ôl ei gladdu. Mae hon yn amgueddfa Collins Barracks heddiw.

Y 31ain oedd dyddiad yr ymosodiad. Ceisiai cannoedd o filoedd o ddynion gysgu yn y ffosydd blaen yn ystod y noson cynt, ond gyda'r fyddin wrth gefn yr oedd Frank Ledwidge.

Deng munud i bedwar y bore, daeth y chwiban a chododd ton o ddynion ar gyfer yr ymosodiad a fyddai'n rhoi terfyn ar y rhyfel. Yr amcangyfrif oedd bod 30,000 o ddynion wedi'u lladd yn yr un diwrnod hwnnw wrth ennill canllath o dir.

Drwy'r bore, roedd môr o anafiadau yn cael eu cario'n ôl drwy'r ffosydd. Roedd Frank a'i gymrodyr wedi bod yn trwsio'r wersyll ar lan Camlas Yser yn Fflandrys. Yno bu'r fataliwn yn ymarfer ac yn paratoi ar gyfer y frwydr yng Nghefn Pilkem. Hon fyddai un o frwydrau mwyaf gwaedlyd y Rhyfel Byd Cyntaf. Y nod oedd gwanhau safle'r gelyn drwy oresgyn cefnen Passchendaele, ond er mwyn cyflawni hynny, roedd yn rhaid goresgyn cefnen Pilkem yn gyntaf. Am 3.50 o'r gloch y bore ar 31ain Gorffennaf, 1917, aeth y milwyr 'dros y top' i dir corsiog mewn glaw trwm a niwl tywyll. Mae sawl cofnod gwahanol ynglŷn â sut y clwyfwyd Hedd Wyn, ond mae'n debyg ei fod wedi'i glwyfo gan siel a'i fod wedi marw o'i glwyfau wrth gael ei gludo o faes y gad, i'r ysbyty. 'Uffern! Uffern! Uffern!' meddai Lewis Valentine am ei brofiad o frwydr Passchendaele ym mis Awst 1917.

*   *   *

Claddwyd Hedd Wyn hefyd ym mynwent Artillery Wood, nepell o fedd Frank Ledwidge, ym mhlot rhif 2, rhes F, bedd 11. Tua thair wythnos a hanner yn ddiweddarach, cyrhaeddodd y newyddion swyddogol i'r Ysgwrn, yn hysbysu'r teulu o farwolaeth eu mab, Preifat Ellis Humphrey Evans. Prin bythefnos wedi hynny, ar 6ed Medi, cynhaliwyd yr Eisteddfod Genedlaethol ym Mharc Penbedw. Yn seremoni'r cadeirio, ac yn ngŵydd cynulleidfa fyrlymus o fil o bobl, galwyd ar *Fleur-de-Lis* i sefyll ar ei draed. Unwaith. Eilwaith. Trydydd tro. Ni safodd neb. Yna, cyhoeddodd yr

Y groes bren a roddwyd ar fedd Hedd Wyn yn union ar ôl ei gladdu. Mae hon i'w gweld yn Nhrawsfynydd erbyn hyn.

ffyrdd ers ben bore – er mwyn hyrwyddo'r modd i gael mwy o offer, ffrwydron a milwyr i faes y gad. Cyrhaeddai sieliau'r Almaenwyr ymhell y tu ôl i'r ffosydd blaen. Amser te, mewn cawod o law taranau, ffrwydrodd siel wrth ochr Frank Ledwidge a chafodd ei chwythu'n yfflon.

* * *

Gan na chafodd Frank ei ladd yn y frwydr, mae'n debyg bod ei weddillion wedi'u claddu mewn mynwent ar unwaith – rhif 5, rhes B yn yr ail ran o Fynwent Artillery Wood, dri chwarter milltir i'r dwyrain o bentref Boesinghe, Belg a rhyw dair milltir i'r gogledd o Ypres.

Cyhoeddwyd ei gyfrol *Songs of Peace* dri mis yn ddiweddarach, gan dderbyn adolygiadau hael. Hyrwyddwyd ei gwerthiant gydag apêl y geiriau, 'Soldier Poet Fallen in the War'. Ond diosg parchusrwydd y rhyfel a wnaeth y bardd John Drinkwater: 'the untimely death of a man like Ledwidge is nothing but calamity'.

Manylion moel sydd ar ei garreg fedd ond gosodwyd plac ar bont Slane yn 1962 er cof am y bardd gan ddyfynnu pedair llinell o'i gerdd yntau i Thomas MacDonagh, y bardd a'r gwrthryfelwr:

He shall not hear the bittern cry
In the wild sky, where he is lain
Nor voices of the sweeter birds
Above the wailing of the rain.

Carreg fedd ym Mynwent Artillery Wood

Mwy ni chlyw'r un deryn y bwn

Archdderwydd, Dyfed, mai *Fleur-de-Lis* oedd ffugenw
Hedd Wyn a'i fod wedi'i ladd chwe wythnos ynghynt,
rhywle yn Ffrainc. Gorchuddiwyd y gadair a luniwyd mor
gain gan Eugene Van Fleteren, ffoadur o wlad Belg, â
gorchudd du ac fe'i hadwaenir fyth ers hynny fel 'Y Gadair
Ddu'. Clywyd galar y genedl yn neuadd Parc Penbedw y
prynhawn hwnnw: roedd cysgod y Rhyfel Mawr dros y
maes ac yn syth, daeth Hedd Wyn yn symbol o golledion
trychinebus Cymru yn ystod y rhyfel a daeth ei gadair wag
yn symbol o'r holl gadeiriau gwag mewn cartrefi drwy
Gymru a'r byd. Yn fuan wedi'i farwolaeth, aeth criw o
gyfeillion Hedd Wyn a beirdd adnabyddus ati i gasglu ei
gerddi ac yn 1918, cyhoeddwyd cyfrol *Cerddi'r Bugail*,
gydag elw'r gwerthiant yn cyfrannu at gronfa goffa Hedd
Wyn. Bu'r gyfrol mor boblogaidd, nes cyhoeddwyd
ailargraffiad ohoni yn 1931.

Gyda choffrau'r gronfa goffa, comisiyniwyd cofeb
efydd Hedd Wyn gan y Llundeiniwr, L. S. Merrifield sy'n
cyfleu Hedd Wyn, y bugail, yn edrych tuag adref i'r
Ysgwrn. Cyhoeddwyd cofiant
Hedd Wyn gan ei gyfaill,
William Morris yn 1969 a
dilynwyd honno gan ddau
gofiant arall ohono gan Alan
Llwyd yn 1992 a 2009, sef
*Gwae Fi Fy Myw: Cofiant Hedd
Wyn* a *Hedd Wyn: Bardd y
Gadair Ddu*. Rhyddhawyd ffilm
fywgraffiadol Paul Turner ac
Alan Llwyd, *Hedd Wyn,* yn
1992 ac yn 1994, fe'i
henwebwyd am un o wobrau'r
Academi (Oscar) yn y categori
Ffilm Mewn Iaith Dramor.

Yn 1992, dadorchuddiwyd
plac cofio Hedd Wyn yn
Boesinghe, gan ei nith a'i nai,

*Carreg fedd ym
Mynwent Artillery Wood*

95

Cofeb arbennig i Francis Ledwidge ym Mynwent Artillery Wood

Y 'Death Penny' a dderbyniodd teulu Francis ar ôl colli mab

Yn yr awyr wyllt, o'i bydew draw,
Na lleisiau'r adar melys, mân
Uwchlaw'r alaethu yn y glaw.

Ychydig fisoedd ar ôl cyhoeddi *Songs of Peace*, casglodd Dunsany gerddi eraill nas cyhoeddwyd o waith Frank Ledwidge a gwelodd *Last Songs* olau dydd yn 1918.

Dadorchuddiwyd cofeb arbennig iddo ar 31 Gorffennaf, 1998 yn Fflandrys. Daeth dau gant o bobl leol ynghyd at ei fedd yn Artillery Wood ynghyd â chynrychiolaeth o Iwerddon oedd yn cynnwys Joe Ledwidge, unig fab Joseph brawd ieuengaf Frank.

Trowyd bwthyn y teulu yn Slane yn amgueddfa a chyhoeddwyd y bywgraffiad *Francis Ledwidge – A life of the Poet*, gan Alice Curtayne yn 1972.

Mrs Malo Bampton a Mr Meurig Jones Morris. Ers marwolaeth Hedd Wyn, cadwodd ei deulu ddrws yr Ysgwrn yn agored i ymwelwyr sydd wedi'u cyfareddu gan ei stori – y perthnasau diweddaraf i wneud hynny oedd ei neiaint, Gerald a'r diweddar Ellis Williams. Yn 2012, prynwyd yr Ysgwrn gan Awdurdod Parc Cenedlaethol Eryri ar gyfer y genedl, gyda'r bwriad i barhau i gadw'r drws yn agored a'r etifeddiaeth yn fyw.

Casgliad o gerddi Hedd Wyn a gyhoeddwyd ar ôl ei ladd

Y 'Geiniog Angau' a dderbyniodd teulu Hedd Wyn ar ôl colli mab

'Er mwyn Duw a Llydaw':
barddoniaeth Yann-Ber Calloc'h (1888-1917)[1]

Ceridwen Lloyd-Morgan

Fore Mawrth y Pasg, 1917. Mewn twll yn y pridd gyda darn o haearn rhychiog yn do, mae swyddog ifanc yn ysgrifennu llythyr at gyfaill, gan bwyso ar ei liniau. Mae hi'n enbyd o oer gyda glaw ac eira'n disgyn ynghyd â sieliau sy'n creu 'llen o ddur' o'i gwmpas. Am y tro cyntaf yn ystod 21 o fisoedd ar faes y gad, mae Yann-Ber Calloc'h (neu Jean-Pierre Calloc'h yn ôl cofnodion swyddogol gweriniaeth Ffrainc) yn cydnabod ei fod wedi cael hen ddigon. Dau ddiwrnod ynghynt, ar Sul y Pasg, ysgrifennodd at ei gyfaill Yves le Diberder: 'Rydym ni bron â marw o flinder. Pryd ddaw y bywyd hwn i ben?'[2] Ers deng niwrnod mae bwyd yn brin a dim baco o gwbl yn cyrraedd.

Yann-Ber Calloc'h
yng ngwisg filwrol Ffrainc

Dim modd gwneud tân. Prin gyfle i gysgu. Meddylia am ei hen ewythr a fu ar y daith hunllefus yn ôl o Fosco yn un o weddillion truenus byddin Napoléon; rhaid bod hynny'n rhywbeth tebyg i'w brofiad yntau yma yn y ffosydd. Diolch byth am ei ddynion, bechgyn glew o Lydawyr o fro Kerne, wedi'u naddu o wenithfaen caled y wlad. Ond rhaid gorffen y llythyr ar frys a mynd i gyfarfod y gelyn:

Rhaid inni fynd i ymosod yn syth.
Mi awn oherwydd bod rhaid.
Ac efallai fod hyn yn ffarwél.[3]

Yann Ber Calloc'h

ar en deulin

Cyfrol o gerddi
Yann-Ber Calloc'h

O fewn ychydig oriau, roedd Calloc'h yn gelain, wedi ei ladd gan siel a ffrwydrodd wrth ei ymyl. Roedd yn 28 oed.

Fisoedd yn gynharach gadawsai ym meddiant cyfaill iddo, y cenedlaetholwr Per (Pierre) Mocaër, becyn yn cynnwys llawysgrif. Roedd ynddi gasgliad o rhyw 30 o gerddi yn nhafodiaith Llydaweg Bro Wened (rhanbarth Vannes), ynghyd â chyfieithiad Ffrangeg ohonynt. Roedd y cwbl yn adlewyrchu ffydd Gristnogol ddi-sigl Yann-Ber a'i gariad at Lydaw a'i hiaith, a deilliai rhai o'r cerddi'n uniongyrchol o'i brofiad fel milwr. 'Rwy'n bwriadu eu cyhoeddi', meddai wrth Per. 'Cadwch nhw'n ddiogel imi ac os na ddof i'n ôl o faes y gad, rwyf am ichi ofalu am eu cyhoeddi.' Roedd teitl y gyfrol ganddo'n barod: *Ar en deulin* ('Ar ein gliniau'). Cadwodd Per Mocaër ei air ac yn 1921 fe ymddangosodd y gyfrol yn ddwyieithog ond gyda theitl Ffrangeg, *A Genoux. Lais Bretons* ('Ar ein gliniau. Cerddi Llydaweg').

Nid rhain oedd ei gerddi cyntaf, oherwydd cyhoeddasai Calloc'h cyn y rhyfel rai cerddi yn Ffrangeg a Llydaweg dan yr enw barddol Bleimor ('Môrflaidd'). Gweithiau prentisiaeth oedd nifer o'r rhain, a ymddangosodd yma ac acw mewn cyfnodolion Llydewig, gan gynnwys *Ar Vro*, cylchgrawn a olygwyd gan y bardd François Jaffrennou ('Taldir', 1879-1956).[4] Ond *Ar en deulin* a sefydlodd

Taldir

Calloc'h, wedi ei farwolaeth, yn un o feirdd mwyaf Llydaw erioed. Fel Edward Thomas, y bardd Cymreig a laddwyd 24 awr o'i flaen, ar y 9fed o Ebrill 1917, yng nghanol llaid a galanas y ffosydd y daeth Calloc'h i'w lawn dwf fel bardd. Bellach cydnabyddir ef a'r dramodydd Tanguy Malmanche (1875-1953) fel dau lenor pwysicaf yr iaith Lydaweg o'r cyfnod ragflaenodd yr adfywiad a arweinwyd gan y cylchgrawn *Gwalarn* o 1925 ymlaen.

Er mai swyddog oedd Calloc'h, hanai o gefndir tlawd iawn ar Enez Groe (ynys Groix yn Ffrangeg), dros y dŵr o borthladd Lorient. Pysgotwr oedd ei dad, a'i fam yn trin y tir gwael, caregog. Dyna oedd traddodiad yr ynys. Ond roedd y tad, a fu unwaith â'i fryd ar fynd yn offeiriad, wedi cael rhyfaint o addysg, a sicrhawyd yr un fraint i'r mab hynaf, diolch i gefnogaeth yr Eglwys Gatholig. Bwriad y bachgen ifanc oedd cymryd urddau'r Eglwys, ond wedi iddo dreulio cyfnod fel disgybl yng ngholeg diwinyddol y Brodyr Cristnogol yn Vannes, gan ennill ei *baccalauréat* yn 16 mlwydd oed, drylliwyd ei

Enez Groe

obeithion. Dioddefai yr hynaf o'i ddwy chwaer o glefyd a ddisgrifir fel un 'seico-batholegol' ac yn y man fe ddechreuodd y brawd a chwaer iau ddangos symptomau tebyg. Gwrthodai'r Eglwys dderbyn ymgeiswyr am yr offeiriad-aeth os oedd hanes salwch

Llynges bysgota Port Tudy ar Enez Groe

meddwl yn y teulu. Bu hyn yn siom enbyd i Yann-Ber.

Gan fod ei dad wedi marw mewn damwain ar y môr yn 1902, cyfrifoldeb y mab hynaf oedd cynnal y teulu. Dewisodd felly lwybr fyddai'n caniatáu iddo ennill mwy o arian na phetai'n aros yn Llydaw, sef mynd yn *surveillant* (goruchwyliwr dosbarth) mewn ysgolion. Treuliodd bedair blynedd yn alltud hiraethus, tair ym Mharis ac un yn Reims. Yn y cyfnod hwn y cyfansoddodd y gerdd 'Er Voraerion' (*Y Morwyr*), lle y cymhara ei hun â'r morwyr sy'n gorfod gadael eu bro a'u teuluoedd er mwyn ennill eu tamaid:

> [...]
> Aveid gounid bara, bara d'o bugalé,
> Red é dehé lemel ag o bro ha balé.
> [...]
> O me énéz kollet du-zé é kreiz er mor,
> Pegourz é touarin-mé én ha berhér digor?
> (*Ar en deulin*, tt. 84, 88)

Pysgotwyr de Llydaw – y 'Sardiniers'

[...]
I ennill eu bara, a bara i'w plant,
Rhaid iddynt adael eu gwlad a theithio.
[...]
O, fy ynys goll draw yng nghanol y môr,
Pryd y caf lanio yn dy borthladdoedd agored?

Gobeithiai ennill cymhwyster athro wrth weithio yn yr ysgolion, ond ni lwyddodd i gyflawni hynny. Manteisiodd serch hynny ar ei amser ym Mharis i dreulio oriau mewn llyfrgelloedd ac yn yr archifdy cenedlaethol, yn ymchwilio'n ddyfal i hanes ei ynys enedigol gyda'r bwriad o gyhoeddi llyfr ar y pwnc. Dyfnhaodd ei wybodaeth am yr iaith Lydaweg hefyd, gan astudio'r prif dafodieithoedd. Dysgodd elfennau'r ieithoedd Celtaidd eraill hefyd, yn enwedig y Gymraeg. Bu hyn oll yn fodd iddo gyfoethogi geirfa ei dafodiaith enedigol pan aeth ati i farddoni.

Yn ystod y cyfnod ffurfiannol hyn, dechreuodd ymddiddori mewn gwleidyddiaeth a throi'n awdur ysgrifau gwladgarol miniog. Roedd y blynyddoedd cyn y rhyfel yn rhai cythryblus, gyda'r llywodraeth ym Mharis yn benderfynol o gyflwyno nifer o newidiadau radical fyddai'n lleihau dylanwad yr Eglwys Gatholig a sicrhau i'r Wladwriaeth ran mwy canolog ym mywydau'r dinasyddion. Eisoes sefydlwyd system addysg newydd, yn darparu addysg gorfodol, am ddim, ond yn gwbl lleyg, ond pan ddaeth plaid Sosialaidd, radicalaidd i rym yn dilyn etholiadau 1902, aethpwyd gam ymhellach. Yn 1905 pasiwyd deddf yn gwahanu'r Eglwys a'r Wladwriaeth ac yn gwladoli asedau'r Eglwys. Bu hyn yn destun gofid a dicter i'r ffyddloniaid Catholig, yn enwedig yn Llydaw, un o gadarnleoedd yr Eglwys y bu Calloc'h yn huawdl ei gefnogaeth iddi drwy ei oes.

Esblygodd ei argyhoeddiadau gwleidyddol dros y blynyddoedd hyn ond prin bod ei ddicter am yr 'erledigaeth grefyddol' wedi oeri. Bu'n astudio daliadau gwahanol garfannau gwleidyddol ond ni fedrai gefnogi'r Brenhinwyr (oedd yn driw i'r Eglwys) fwy na'r Sosialwyr. Fel cenedlaetholwr ymunodd â'r *Union Régionaliste Bretonne*, ond yn dilyn rhwyg mewnol yn 1912, roedd Calloc'h ymhlith yr aelodau a adawodd er mwyn sefydlu mudiad newydd, *Unvaniez Arvor* (*Fédération Régionaliste de Bretagne*). Ceisio statws rhanbarth i Lydaw fel uned ar wahân oedd nod sylfaenol y ddau fudiad. Trodd y bardd yn raddol o ddadlau'n benboeth dros annibyniaeth lwyr i Lydaw i dderbyn mai rhan o Ffrainc, ei 'mam wen', oedd hi, ond roedd ei fryd bob amser ar ennill gwell statws i Lydaw o fewn y wladwriaeth, a chefnogaeth i'w hiaith a'i diwylliant. Adlewyrchir y safbwynt hwn yn ei farddoniaeth ac hefyd yn ei barodrwydd i listio pan ddaeth y rhyfel.

Pan ddechreuodd lluoedd arfog Ffrainc ymgynnull ym mis Awst 1914 roedd Calloc'h yn barod am newid. Cawsai sawl siom yn ei yrfa ac roedd yn anhapus yn ei waith yn awyrgylch seciwlar onid gwrth-Gatholig y coleg lle gweithiai. Roedd Calloc'h eisoes yn gyfarwydd â bywyd y

*Yann-Ber
wrth ochr y maen hir*

fyddin ar ôl cwblhau ei wasanaeth milwrol yn 1911. Treuliodd y cyfnod hwnnw yn y *service auxiliaire* (yn cyfateb yn fras i'r 'Royal Army Service Corps' Prydeinig), gan fanteisio ar y cyfle i roi ar waith ei sêl dros yr iaith. Llwyddodd i gael caniatâd i gynnal gwersi darllen ac ysgrifennu trwy gyfrwng y Llydaweg i'r recriwtiaid anllythrennog, tua 40 ohonynt ar y tro. Er gwaethaf cyfnodau o salwch yn y gorffennol, erbyn Awst 1913 roedd yn ddyn ddigon cydnerth i ymuno â chriw o fechgyn Ynys Groe ar fordaith bysgota. Bu tipyn o gellwair ar yr ynys am ei fod dros 6 troedfedd o daldra, yn eithriadol o dal o'i gymharu â'r rhan fwyaf o'i gyfeillion. Byddai'r cymdogion yn cogio nad oedd modd dweud weithiau ai Yann-Ber a welid o bell ynteu maen hir Salùer-er-Bed (5 medr o uchder) ger ei gartref; tynnwyd llun o'r bardd yn myfyrio wrth droed y maen. Wrth ysgrifennu at gyfaill o faes y gad yn Awst 1915, dywedodd bod y ffosydd yn ffodus yn ddigon dwfn i'w guddio o olwg y gelyn er gwaethaf ei daldra![5]

Oherwydd ei gefndir a'i brofiad ar y môr ceisiodd yn gyntaf ymuno â'r llynges, ond yn ofer, felly rhoddodd gynnig ar y fyddin, ac ym mis Tachwedd 1914 fe'i derbyniwyd fel milwr troed. Cafodd ei ddewis i gael ei hyfforddi'n swyddog, fwy na thebyg oherwydd ei addysg a'i fod yn medru Ffrangeg yn ogystal â Llydaweg. Fel arall, buasai'n annisgwyl i ddyn o gefndir mor dlawd gael y cyfle. Cyrhaeddodd y ffosydd yn haf 1915, a dyna pryd y cyfansoddodd y cerddi a darnau rhyddiaith sy'n adlewyrchu ei brofiadau fel milwr. Un adran

Gorchymyn milwrol yn Ffrainc

yn unig yw'r rhain yn y casgliad *Ar en deulin*, sydd yn cynnwys cerddi a gyfansoddodd o 1904, pan oedd yn 16 oed, i 1916. Dosberthir y cerddi yn y gyfrol yn bedair rhan: 'Ar en deulin eid m'iné peur' (*Ar ein gliniau dros fy enaid dlawd*, 1904-14), 'Ar en deulin eid mem breudér' (*Ar ein gliniau dros fy mrodyr*, 1905-13), 'Ar en deulin evid mem bro' (*Ar ein gliniau dros fy ngwlad*, 1905-14), 'Ar en deulin ér brezél' (*Ar ein gliniau yn y rhyfel*, Tachwedd ['mis y meirw'] 1914-16). Dilynir yr adran olaf gan 'Ar henteu er brezél' (*Ar ffyrdd y rhyfel*), nodiadau dyddlyfr sy'n olrhain ei brofiadau pan gafodd ei anfon i'r ffrynt am y tro cyntaf, 27 Awst 1915-7 Medi 1915.

Cristnogaeth, Llydaw a rhyfel yw prif themâu *Ar en deulin*. Drwyddi draw adlewyrcha'r gyfrol ffydd Gatholig ddi-sigl y bardd a'i gariad angerddol at Lydaw, ei hiaith a'i phobl. Gweddïau ar ffurf barddoniaeth yw llawer o'r cerddi, fel yr awgryma'r teitlau'n aml, e.e. 'Judica me' (*Barn fi*), 'Ho péet truhé dohein!' (*Trugarha wrthyf!*), 'Pédenn er Moraer' (*Gweddi'r morwr*), 'Pédenn evid Breih' (*Gweddi dros Lydaw*). Yn aml rhagflaenir cerdd neu adran gan adnod o'r Ysgrythur neu ddyfyniad o destunau crefyddol Llydaweg, megis *Buhez Santez Non* ('Buchedd Santes Non').[6] Yng Nghymru heddiw, i ddarllenwyr o gefndir Anghydffurfiol Cymraeg neu i amheuwyr, gall y pwyslais cyson ar y ffydd Gatholig fod yn rhwystr wrth geisio mynd i'r afael â'i waith. Ond o ddarllen ac ailddarllen y cerddi daw themâu mwy cyfarwydd yn amlwg inni: meidroldeb, er enghraifft, yn 'Gwerzenn er Marù' (*Cân Marwolaeth*), lle cyfeirir nid yn unig at Ddydd y Farn Fawr ac at ffydd y Cristion yn ei Waredwr ond hefyd at draddodiadau brodorol, cyn-Gristnogol Llydaw am yr 'Ankeu' (*Angau*):

> ... Mall é d'em ér
> Sonein, mall é d'en Ankeu koh dond d'em hemér!
> (*Ar en deulin*, t. 24)

> ... *Mae'n amser fy awr*
> *Daro, mae'n bryd i'r hen Angau ddod i'm cymryd!*

Dyma atgof o un o'r hen chwedlau a glywsai Calloc'h yn fachgen bach gan ei fam wrth y tân, am y cymeriad brawychus a ddaw yn 'Karr en Ankeu' (*Cerbyd yr Angau*) i gipio'r hen a'r ifanc.

Os ei ffydd Gatholig yw'r man cychwyn yn aml i'w gerddi, mae'r rhan fwyaf ohonynt yn adlewyrchu hefyd ei wladgarwch. Yn ystod ei alltudiaeth anhapus ym Mharis yr ysgrifennodd yn 1913 y gerdd 'Me halon zo é Breih-Izél' (*Mae fy nghalon yn Llydaw Isel*, h.y. gorllewin Llydaw), sydd, fe noda, i'w chanu ar ddwy alaw werin, 'Ar ré c'hlas' ac 'Ebarz ar c'hoad' ond yn adleisio cerdd enwog yr Albanwr Robert

Burns, 'My heart's in the highlands' (*Ar en deulin*, t. 106). Fel yr awgryma hyn, roedd miwsig yn rhan bwysig o fywyd Calloc'h, a oedd, fel ei dad o'i flaen, yn gerddor dawnus. Sonnir amdano'n diddanu'r pysgotwyr ar fwrdd eu cwch trwy ganu alawon Llydewig ar y ffliwt, ac ymhlith ei lyfrau roedd ganddo gyfrolau o ganeuon o Iwerddon a Llydaw. Ar ddechrau *Ar en deulin* nodir fod y gerdd 'Kentskrid' (*Rhagair*) i'w chanu ar yr alaw Gymreig *Ar hyd y nos*, a chynhwysodd alaw i gydfynd â'r gerdd 'Er Voraerion' (*Y morwyr*, *Ar en deulin*, t. 84).

Mynega 'Me halon zo é Breih-Izél' yr un hiraeth ag a geir yn aml mewn cerddi Cymraeg o oes Fictoria:

> Aman é teil er gér vraz é kreska bleu er boén,
> Poénieu er peur divroet, dèbro 'hrant me spered :
> Me halon a zo du-zé ar dreuz en ti karet
> Léh ma hunvréér é peah 'tal en nor goudé koén.
> (*Ar en deulin*, t. 106)

> *Yma ar domen dail y ddinas fawr y tyfa blodyn poen,*
> *Poenau'r alltud tlawd sy'n cnoi f'enaid:*
> *Mae 'nghalon draw fan'na ar aelwyd y tŷ a garaf*
> *Lle breuddwydiaf wrth y drws mewn heddwch wedi bwyd.*

'Aman 'ma toull er pehéd' (*Yma mae ogof pechod*), meddai wedyn (t. 108), gan adleisio rhai o awduron Ffrangeg ail hanner y 19eg ganrif – nofelwyr megis Zola, er engraifft, sydd yn cyfleu llygredd moesol y ddinas. Nid oedd monopoli gan Anghydffurfiaeth Gymraeg ar y cysyniad o 'syrthio ar balmant y dref.'[7] I'r Cymry fe ddaw i'r meddwl y cyferbyniad rhwng y wlad a'r 'pentre gwyn' delfrydol a geir gan lenorion Cymraeg o'r un cyfnod[8] wrth i Calloc'h danlinellu pwysau hiraeth trwy ailadrodd y gair trymaidd 'Aman' (*yma*) ar ddechrau'r pedwar pennill cyntaf, a'i

gyferbynu gyda sain ysgafn 'du-zé' (*fan'na, fan'cw*) yn
nhrydedd neu bedwaredd llinell y penillion hynny.

Fel Llydäwr, roedd Calloc'h yn ymwybodol ei fod yn
perthyn i deulu'r Celtiaid, thema ganolog arall yn ei waith.
Yn ei gerddi cynnar, dylanwad y traddodiad Rhamantaidd
sydd amlycaf, yn 'Tristedigeh er Helt' (*Tristwch y Celt*),
1904, er enghraifft:

> Youank on. N'em-es ket hoah gwélet uigent hañù,
> En héol tro-ha-tro dein e skuill é vanneu-tan,
> Er bleu ar en aùél e zégas dein o hwéh,
> Ha neoah me zo lan a velkoni dalbéh ...
> Perag 'ta ? Doué e oér. Pe grouéas er Breton,
> Eañ lakas en dristé de chom én é galon.
> (*Ar en deulin*, t. 30)

> *Ifanc wyf. Ni welais eto ugain haf,*
> *Taena'r haul ei belydrau tân o'm cwmpas,*
> *Trwy'r awel chwyth y blodau eu persawr ataf,*
> *Ond prudd-der sydd arnaf o hyd.*
> *Paham? Fe ŵyr Duw. Pan greodd y Llydäwr*
> *Gadawodd dristwch parhaus yn ei galon.*

Gellir dirnad yma ddylanwad ei gyd-Lydäwr y llenor
Chateaubriand (1768-1848), yn enwedig ei nofel fer *René*
(1802), ble mae'r prif gymeriad yn llanc melancolaidd,
breuddwydiol; yno cyfeirir – o bosibl am y tro cyntaf yn
Ffrangeg – at chwedl y 'bardd olaf' Celtaidd 'ar fynyddoedd
Caledonia'. Ganrif yn ddiweddarach, mi esgorodd syniadau
pan-Geltaidd y dydd ar y Gyngres fawr a gynhaliwyd yng
Nghaernarfon yn 1904, gyda'r bardd Taldir, un o arwyr
cynnar Calloc'h, yn brif gynrychiolydd Llydaw yn y miri. Fel
darllenydd brwd y wasg gyfnodol Lydewig buasai Calloc'h
yn sicr wedi dilyn hanes y digwyddiad. A'r bardd yn 16 oed

ar y pryd, taniwyd ei ddychymyg gan y syniad o frawdoliaeth y Celtiaid, syniad a ddaeth yn fwyfwy canolog yn ei weledigaeth farddol dros y blynyddoedd nesaf.

Yn 'Diougan Ezekiel' (*Gweledigaeth Eseciel*), 1905, er enghraifft, sonnir am ddeffroad ei gydfrodyr Celtaidd:

> [...] Mab Gomer zo dihun;
> Kornal e hra é vouéh avel tarh er gurun
> Ha geti manéieu Breiz-Izel, Iwerhon,
> Manéieu Bro-Kembri, Kerné, Skos, e zasson.
> [...]
> Doué revo benniget : Keltia e zo ar saù !
> (*Ar en deulin*, t. 146)

> [...] *Mab Gomer sydd yn effro;*
> *Atseinia ei lais fel dwndwr y daran,*
> *A mynyddoedd Llydaw-Isel, Iwerddon,*
> *Mynyddoedd Cymru, Cernyw a'r Alban a'i adleisia.*
> *[...]*
> *Bendigedig fo Duw: mae'r Celt ar ei draed!*

Pan aeth Ffrainc i ryfel yn 1914, daeth yr edefyn hwn yn amlycach fyth yng ngwaith Calloc'h ac yn ganolog i'w ymateb i'r amgylchiadau. Cafwyd rhagflas o hyn yn 'Men Gouenn' (*Fy Nghenedl*) a ysgrifennodd ychydig cyn i'r llywodraeth ddatgan rhyfel. Yma cyfeiria'r bardd at deulu'r Celtiaid yn codi'n un i ymladd pan ddaw'r alwad ... gan y brenin Arthur:

> Te saùo èl en héol! Arzur n'en dé ket marù;
> Tregont milion Kelted éh om oh er gortoz.
> (*Ar en deulin*, t. 113)

> *Mi godi fel yr haul! Nid yw Arthur yn farw;*
> *Tri chan mil ohonom ni'r Celtiaid sy'n dal i'w ddisgwyl.*

Yn 'Beati Mortui ... ' (*Gwyn eu byd y meirwon* ... , *Ar en deulin*, t. 206), marwnad a gyfansoddwyd ym mis Tachwedd 1914 er cof am gyfaill iddo, cyfeiria'r bardd at hen arwyr Celtaidd megis Culhwch a Geraint na phetrusodd erioed cyn ateb yr alwad i ryfel. O'r un llinach y daw'r Llydäwr, rhyfelwr garw heddiw, sydd heb ofn marw oherwydd y tu hwnt i greu llygaid gwag Angau y gwêl Iesu ar y Groes (*Ar en deulin*, t. 208).

Erbyn Ionawr 1915, ar ôl pum mis ar y ffrynt, tarodd Calloc'h gip yn ôl ar ei brofiadau yn 'Deit, Spered-Santél'

Guillaume Apollinaire

(*Tyred, Ysbryd Glân*), cerdd hir a ddisgrifia fel cân i groesawu'r Flwyddyn Newydd (*Ar en deulin*, t. 182) dan 'dremmgoèd er Brezel' (*wyneb gwaedlyd Rhyfel*). Gwelwn y bardd yn cychwyn ar ei daith Nadolig draddodiadol i ganu o gwmpas y gymdogaeth, ond eleni ' ... en nandeg-kantpearzegved blé goudé Ganedigeh er Hrist ér hreu' – *mil naw deg cant a phedwar ar ddeg blwyddyn ers geni Crist yn y stabl* – mae popeth wedi newid. Diddorol nodi bod bardd arall o filwr troed yn rhengoedd byddin Ffrainc, Guillaume Apollinaire, wedi dechrau'r gyntaf yn ei gyfres yntau o gerddi am ei brofiadau yn y ffosydd gyda'r dyddiad.[9] Ond tra bod y ddau fardd yn cyfleu agweddau apocalyptaidd y rhyfel, ac ill dau yn sôn fod cyfnod newydd a thrawsnewidiol wedi gwawrio, mae cerdd Calloc'h yn datblygu'n wahanol iawn i un Apollinaire. Gwêl y bardd dai ei fro yn wag: deffrodd y Celtiaid a mynd i ryfela, gan adael eu gwlad yn ddiffaith hebddynt:

Klasket em-es mem breudér hénoah, de lavared dehé
heteu er barh.
Ha dén n'em-es kavet ér gér ...
Gouli é tiér kun Keltia; meid un oéled bennag, aman
hag ahont, lahet en tan énnoñ gwerso,
E wélér diragtoñ mouézi peur é houélar, ha bugalé
vihan e hra chonjeu, e hra chonjeu ...
O men Doué, pé bosenn 'zo bet ar er vro-man?
Kelt Alban-Ihùel, 'men éh ous? Na té, Kelt Iwerhon?
Men éh ous 'ta, Kelt a Gembre? O Kelt a Vreiz, men
goèd, émen éh ous?
Gouli int, tiér kun Keltia! Pe saùé héol en hañù ar er
flangenn, er oazed 'zo peit kuit ged o gléaniér ...
(*Ar en deulin*, t. 184)

*Chwiliais am fy mrodyr heno, i ddweud cyfarchion y
bardd wrthynt,*
Ond ni chefais neb gartref ...
*Gwag yw tai tirion Celtia ; heblaw ambell aelwyd, fan
hyn a fan draw, lle mae'r tân wedi hen ddiffodd,*
*Ac o'u blaen gwelir gwragedd truain yn wylo, neu blant
bychain yn myfyrio, yn myfyrio ...*
O Dduw, pa bla a basiodd dros y wlad hon?
*Celt Ucheldir yr Alban, ble rwyt ti? A thithau, Celt
Iwerddon? Ble rwyt tithau, Celt o Gymru? O Celt o
Lydaw, fy ngwaed, ble rwyt ti?*
*Gwag yw tai tirion Celtia! Fel y codai'r haul dros y
dyffryn, y gŵyr a aeth ymaith gyda'u gwaywffyn ...*

Er ffeirio'r gwaywffyn am ynnau, nid yw hanfod rhyfel yn
newid:

Fuzulienneu ha kanolieu, e skop er marù, med er
gléaniér a zo ataù er gléaniér.
(t. 184)

111

Milwyr byddin Ffrainc yn y ffosydd

Gynnau a magnelau, sy'n poeri angau, ond gwaywffyn
yw gwaywffyn o hyd.

Mewn gwirionedd bwyell morwr, nid gwaywffon na bidog,
oedd dewis arf Calloc'h. Cyfeiria ati â balchder yn y gerdd
'Kartér-noz ér hléieu' (*Gwylfa nos yn y ffosydd*, mis Medi
1916):

> *Pe saillan dreist d'er hleu, ur vouhal é men dorn,*
> *Me faotred 'lar marsé: 'Araog, henneh 'zo gour!'*
> *Hag é tant ar me lerh ér fank, én tan, ér skorn ...*
> (*Ar en deulin*, t. 202)

> *Pan neidiaf dros y parapet, a bwyell yn fy llaw,*
> *Efallai y dywed fy hogiau, 'Ymlaen! Dyna 'ti ddyn!'*
> *Ac mi ddônt ar fy ôl trwy'r llaid, trwy'r tân, trwy'r rhew ...*

Roedd gweld eu swyddog yn rhuthro i ymosod ar y gelyn
gyda'i fwyell yn ei law a bwtsias llongwr yn lle esgidiau mawr
milwrol ar ei draed, yn destun syndod ond edmygedd
ymhlith ei filwyr. Daeth yn dipyn o arwr iddynt.

Yn 'Deit, Spered-Santél', dehonglir y rhyfel fel brwydr yn erbyn barbariaid: 'Disevénad hiriù, er German é arré' (*Ar en deulin*, t. 186, *Anwariad heddiw yw'r Almaenwr o hyd*). Yn ei gerddi fel yn ei lythyron at ei gyfeillion, defnyddia Calloc'h iaith hynod o gref wrth gyfeirio at yr Almaenwyr. Ni pherthyn iddo ronyn o ysbryd maddeugar ac ni wêl hynny'n anghyson â'i argyhoeddiad Cristnogol. Yn wir, yn ei ohebiaeth aeth mor bell â dweud y dylai byddin Ffrainc ar ôl trechu'r gelyn fynd draw i'r Almaen i ddial arni trwy ddinistrio popeth yno.[10] Mynega ei gasineb yn fwy croyw ac mewn iaith llawer mwy eithafol nag a welir gan amlaf mewn ffynonellau Cymreig a Chymraeg y cyfnod. Ni ddefnyddiodd fy nhaid, er enghraifft, ymadroddion o'r math hyd yn oed yn yr adroddiadau yr anfonodd o'r ffosydd i'r papur newydd y bu'n ohebydd iddo cyn listio, adroddiadau a fwriedid i godi *morale* y darllenwyr gartref trwy roi ogwydd arbennig ar yr hanes. Nid oes dim tebyg chwaith yn ei ohebiaeth ef ac aelodau eraill y teulu.[11] Eto i gyd, bu ef, ei frodyr a'i gefndryd, fel cynifer o'u cyd-Gymry, yn dyst i'r un math o ddinistr ag y gwelsai Calloc'h, gan gynnwys difa eglwysi.

Ond rhaid cofio bod Ffrainc mewn sefyllfa dra gwahanol i Brydain. Roedd atgofion erchyll gan y boblogaeth hŷn am greulondeb y goresgynwyr yn ystod rhyfel 1870-1 rhwng Prwsia a Ffrainc. Yn 1914 adroddodd y wasg gyfnodol yn Ffrainc (ac ym Mhrydain hefyd) straeon lliwgar am anfadwaith erchyll yr Almaenwr wrth iddynt oresgyn gwlad Belg, straeon yr oedd llawer ohonynt yn gwbl ddi-sail. Ond roeddent yn bropaganda ardderchog i berswadio'r bechgyn i listio ac i argyhoeddi'r boblogaeth sifil fod y rhyfel yn un cyfiawn, gwerth pob aberth. Yn 'Deit Spered-Santél' (*Ar en deulin*, t. 186) cyfeiria Calloc'h yn arbennig at eglwys gadeiriol Reims, lle'r arferid coroni brenhinoedd Ffrainc tan y Chwyldro, ac a ddifrodwyd yn sylweddol gan sieliau ar

20 Medi 1914. Dichon iddo weld lluniau o'r adfeilion yn y gyfres o gardiau post a gyhoeddwyd yn Ffrainc at ddibenion propaganda, nifer ohonynt yn disgrifio'r Almaenwyr fel 'y Barbariaid modern'.

O oes y Celtiaid fu prif amddiffynwyr y Gorllewin rhag y barbariaid, meddai Calloc'h, a chyda rhaeadr o gymariaethau gelwir arnynt unwaith eto i ruthro'n ffyrnig ar y gelyn:

> Araog, Kelt mad! Ha tenn, ha sko! Kouéh mar
> kouéhes: eid er vro é! Med sko, sko, sko! O breur, sko!
> Bes er freill hag e val, er garreg hag e flastr, er gurun e
> freuz, er mor e veuh :
> Bes er Hadour!
> (*Ar en deulin*, t. 186)

> *Ymlaen, Celt da! A saetha! ac ergydia! Syrthia os*
> *syrthia: dros y famwlad yw hi! Ond ergydia, ergydia,*
> *ergydia, o fy mrawd, ergydia!*
> *Bydd fel y ffust yn malu, y graig yn gwasgu, y fellten yn*
> *dinistrio, y môr yn boddi!*
> *Bydd yn Ryfelwr!*

Ac fel yn yr hen oesoedd, meddai, bydd y bardd yn cyfansoddi caneuon hardd am y rhai glew, *caneuon i gyffroi esgyrn yr hen Geltiaid yn eu beddau*: 'Kanenneu gaer e saùo er barh ar er ré-hléu, ken e drido eskern er Gelted koh é yeindér o béieu!' (*Ar en deulin*, t. 186).

Yn rhan nesa'r gerdd clyw'r bardd yr alwad i ddilyn ei frodyr i faes y gad.

> Kent pell é vin él lahadeg ... Peh arouéieu zo ar me zal?
> Ha gwéloud e hrin ha zevé, bléad neùé?
> Ha petra vern? Abred pé devéhad, a pe sono en eur de

vond devad en Tad, leùén éh in. Jézuz oér dihuz on
mammeu.
(*Ar en deulin*, t. 188)

*Cyn bo hir mi fyddaf yn y lladdfa ... Pa arwyddion sydd
ar fy nhalcen? Flwyddyn newydd, a welaf dy ddiwedd?
A pha ots? Yn fuan neu'n hwyrach, pan ddaw'r awr imi
fynd ger bron fy Nhad, mi af yn llawen. Gŵyr Iesu sut i
gysuro'n mamau.*

Daw hyn â Calloc'h at graidd ei weledigaeth: wrth drechu'r
Almaen bydd y Llydawyr yn ennill parch gwladwriaeth
Ffrainc. Diddymir y cyfreithiau gwrth-grefyddol, rhyddheir
Llydaw o'i hualau a pherchir ei hiaith:

Gwéloud e hri distro er hrédenneu harluet, en tréh é
tarneijal arré édan plégeu banniél er Frans, hag er Vro
adsaùet de virùikén ;
Gwéloud e hri mem Breiz dihaod 'benn en devé, hag
hé yéh inouret ...
(*Ar en deulin*, t. 188)

*Mi weli'n dychwelyd y gred a alltudwyd, unwaith eto
bydd buddugoliaeth yn curo ei hadenydd dan blygiadau
baner Ffrainc, a'r Famwlad yn codi eto ac am byth.
Mi weli di fy Llydaw'n rhydd o'r diwedd, a'i hiaith yn
anrhydeddus ...*

Yr un neges sydd ganddo yn y llythyron a anfonodd ym
Medi a Hydref 1915 at ei gyfeillion Achille Colin a Per
Mocaër, lle'r awgryma fynd ati'n syth ar ôl y rhyfel i drefnu
deiseb i gael dysgu iaith a hanes Llydaw ym mhob ysgol o
fewn ei ffiniau. Ar y gwaethaf, meddai, mi fydd yr ymgyrch
yn gyhoeddusrwydd da, ond mae'n ffyddiog yr argyhoeddir

Pan laddwyd Calloc'h cludwyd ei gorff ychydig gilomedrau o faes y gad i fynwent fach Cerisy, lle gorweddai llawer o'i gydfilwyr yn barod. Gosodwyd croes syml o bren uwchben y bedd. Ond erbyn Mawrth 1918 roedd y llinell flaen wedi symud yn ôl a'r ardal bellach yn nwylo'r Almaenwyr. Chwalwyd y fynwent ac agorwyd ffosydd yng nghanol y beddau. Unwaith y daeth y rhyfel i ben, o dosturi at fam Calloc'h aeth hen offeiriad ati i geisio darganfod corff y bardd. O'r diwedd, wedi llawer o anawsterau, ym mis Mai 1923

Bedd Yann-Ber ar Enez Groe

daethpwyd o hyd i sgerbwd oedd â disg adnabod wedi ei chlymu ar yr arddwrn yn tystio mai Calloc'h oedd. Aethpwyd a'r gweddillion yn ôl i Enez Groe a'u claddu yno ar 8 Gorffennaf 1923, gyda'i hen gyfaill Per Mocaër yn talu'r deyrnged iddo. Sefydlwyd cronfa i godi arian ar gyfer comisiynu carreg fedd deilwng, ac fe ddadorchuddiwyd hon ar 21 Awst 1924.

Ei gofeb ar Enez Groe

y gwleidyddion pan eglurir wrthynt mai Llydaweg yw iaith y bechgyn a sicrhaodd y fuddugoliaeth i Ffrainc drwy eu dewrder a'u haberth. Ond bydd rhaid gweithredu'n syth, cyn y bydd ysbryd diwedd y rhyfel wedi edwino.[12]

*Bydd cerddi Yann-Ber yn cael eu canu mewn gwasanaethau i gofio
amdano hyd heddiw*

Yn 'Deit Spered-Santél' ei weledigaeth a'i frwdfrydedd
sy'n gyrru'r bardd yn ei flaen fel corwynt, ond yn 'Kartér-noz
ér hléieu' (*Gwylfa nos yn y ffosydd, Ar en deulin*, tt. 198-205,
Medi 1916) mae'r naws yn dawelach, yn fwy myfyriol. Yn lle
cyffro'r frwydr, mae yma dawelwch am ryw hyd. Yn y gerdd
hon crisialodd Calloc'h brofiad cyffredin ymhlith y milwyr a
deimlai bwysau unigrwydd, ofn a chyfrifoldeb trwm wrth
wylio trwy'r oriau hir a thywyll. Unwaith yn rhagor, ei ffydd
a'i wladgarwch sy'n ei gynnal a Duw fydd yn ei gadw rhag
braw yn y nos dywyll:

> Ur garg divalaù é, er goud e hret. Hama,
> Béeh genin, me freder e vo skañù èl er plu.
>
> [...] Er Gédour on, beuneg ha mud,
> Ar harzeu er retér me zo 'r garreg vreton.
> (*Ar en deulin*, t. 200)

Mae'r baich yn ofnadwy, mi wyddost hyn. Dyna ni,
Bydd gyda mi, bydd fy mhryder yn ysgafnach na phlu.

[...] Y Gwyliwr wyf, tywyll a mud,
Ar ffiniau'r dwyrain myfi yw'r graig o Lydaw.

O'r holl gerddi yn *Ar en deulin*, hon a gyfansoddwyd olaf, a hynny, sylwer, ym mis Medi 1916, dros chwe mis cyn i Calloc'h gael ei ladd. Efallai ei bod hi'n arwyddocaol nad anfonodd ragor o gerddi at Per Mocaër, oherwydd ddiwedd y mis cafodd ef â'i filwyr eu trosglwyddo i gatrawd arall a gafodd ei symud o le i le dros y gaeaf. Ond roedd hefyd yn dechrau blino wedi'r holl fisoedd o wasanaeth, a chlywir tinc mwy lleddf yn ei lythyron. Pan ysgrifennodd at Lucien Douay ddiwedd Medi 1915, roedd yn dal i fedru disgrifio gorfoledd y milwyr wrth glywed newyddion o rannau eraill o'r ffrynt:

Rhed ias o lawenydd trwy'r ffosydd pan dderbyniwn –
ddiwrnod cyn y boblogaeth sifil – hanes ein hymosodiad.
Mi fyddwn ninnau ar dân i neidio dros y parapet a mynd
i ymsefydlu gyferbyn – mor bell â phosibl gyferbyn.

Wrth i'r misoedd fynd heibio, fodd bynnag, cyfeiria'n amlach at yr amodau byw dychrynllyd. Dechreua llythyr arall at Lucien Douay, 10 Tachwedd 1915, gyda darn cymharol ysgafn am wahanol fathau o ynnau mawr fel offerynnau cerdd, pob un â'i lais ei hun, cyn llithro wedyn i gywair mwy tywyll gyda disgrifiad mwy llythrennol a chignoeth o'r amgylchiadau:

Mae hynny i gyd yn creu cyfanwaith sain digon
llwyddiannus, dan nen o law oer, ar gefndir o bridd wedi
ei droi, yn llawn cyrff, weiren bigog a llygod mawr. I fod

yn fanwl, pan ddaeth eich llythyr i law, roeddwn i wrthi'n
gorffen adroddiad ar y difrod y mae'r [llygod mawr] yn
ymroi iddo bob nos. Roedd un ochr o'm ffos wedi
dymchwel tua dau o'r gloch, pan oedd y gynnau wedi
tewi. Bu rhaid imi fynd i'w archwilio a goruchwylio'r
gwaith trwsio. [...] Mae hi'n bwrw sieliau'n agos, agos.
Mae fy 'muriau' pridd yn crynu dan yr hyrddiadau ...
Afancod ydym ni, yn ailadeiladu'n lloches byth a hefyd.

Er gwaethaf ei ymdrechion i gadw naws ysgafn, methai gelu
adfyd bywyd beunyddiol y milwyr pan gyfeiria at:

... y llawenydd angerddol o fod yn domen o laid, o
ymgiprys â'r llygod mawr er mwyn cael hepian ychydig, o
wynebu bwledi'r Jeris, o regi'n bywyd truenus heb falio
uffar o ddim amdano.

Daeth y 'mis du' hwnnw ag ernes o beth fyddai'r gaeaf yn
y ffosydd, rhywbeth, meddai Calloc'h wrth René Le Roux
(28 Tachwedd 1915), na ellid ei amgyffred heb fyw
trwyddo:

Barrug, rhew, eira, mae cenhadon y gaeaf yn ymweld â
ni. Mae hi'n hen ddigon oer yn yr hoewal, er ein bod ni'n
gyrru mwg trwyddi'n rheolaidd. O'r diwedd cawsom
ddillad a dillad isaf at y gaeaf ...

Ac roedd gwaeth i ddod gyda'r gwanwyn, fel y tystia ei lythyr
at y nofelydd René Bazin, 5 Ebrill 1917:

Mis Ebrill yw hi. Yn y safleoedd blaen tyllau yn y llaid
oedd gennym ni a dim digon o le yno i sythu'n coesau.
Trwy'r nos gyda dŵr bron at ein pennau-gliniau, ac yn
darged hawdd. Tywydd braf yn y dydd ac ymlaen â ni.

Wedi'n dal dan gawod o fwledi peiriant saethu ond er gwaethaf hynny mi aeth fy nghriw i yn ei flaen. Gyda phob llam ymlaen byddai'r lleill yn saethu'n agosach, i'r dde, i'r chwith, o'n blaenau, y tu ôl inni, a'r bwledi'n glanio yng nghanol y llinell [...] Cipio pentref, wedyn gorfod martsio eto, trwy'r nos, dan law rhewllyd, sieliau a bwledi. Ac wedi hepian am ryw awr, mi ddeffrodd y bechgyn i gyd, eu dannedd yn clecian, eu pennau-gliniau'n crynu, yn eira drostynt, pawb yn wlyb o'i gorun i'w sawdl.

Dan y fath amgylchiadau distawodd y bardd, a throdd ei lythyron yn fawr ddim mwy na nodiadau. Cyfeiria'n amlach at y posibilrwydd o gael ei ladd. Ac erbyn i René Bazin dderbyn ei lythyr roedd Calloc'h wedi ei gladdu.

*   *   *

Ofer dyfalu sut y buasai gwaith Yann-Ber Calloc'h wedi datblygu pe cawsai fyw. Ond yn sicr, dadrithiad a siom enbyd fuasai o'i flaen o ran statws yr iaith a garai. Yn 1919 gwireddodd ei gyfaill Achille Colin ei syniad am ddeiseb, ond trodd Paris glust fyddar i'w ymdrechion ef a gwladgarwyr eraill o bob cenhedlaeth. Ac yn 1925 cyhoeddodd y gweinidog addysg, Anatole de Monzie, ddedfryd marwolaeth ar yr iaith: 'Pour l'unité linguistique de la France, la langue bretonne doit disparaître' – *Er mwyn undod ieithyddol Ffrainc, rhaid i'r iaith Lydaweg farw.*

Casgliad cymharol fychan o gerddi a adawodd Yann-Ber Calloc'h ond bu'n fwy na digon i'w osod ymhlith beirdd mawr y gwledydd Celtaidd. Canai'n reddfol, o waelod calon, a gwreiddiwyd ei gerddi'n ddwfn yn ei brofiadau a'i argyhoeddiadau fel Llydäwr, fel Cristion, ac fel milwr yn y ffosydd. Yn hyn o beth, perthyn ei gerddi i oes a diwylliant gwahanol iawn i'n heiddo ni yng Nghymru heddiw, ond wrth eu darllen fe'n swynir gan rym a diffuantrwydd y neges a chan lif y geiriau, gan y delweddau trawiadol, a rhythmau'r miwsig sy'n gweu trwyddynt. Codwyd cofeb urddasol gyda cherflun ohono ar Ynys Groe, nid nepell o'i gartref, ond cerddi *Ar en deulin* yw ei wir gofeb.

Nodiadau

1 Ceir Yan yn lle Yann mewn nifer o gyhoeddiadau, ond gan mai Yann oedd y ffurf a ddefnyddiai'r bardd, dyna a ddefnyddir yma. Hoffwn ddiolch i Gwendal Denis am ei gefnogaeth wrth imi baratoi'r ysgrif hon, ac i'm hen gyfaill Hervé Rouzaud-Le Boeuf am fy nghyflwyno i dafodiaith Bro Wened ac i waith Calloc'h flynyddoedd yn ôl. Trugarez vat.

2 Yann-Ber Calloc'h, *Ar en deulin* (testun dwyieithog, Elven: Kendalc'h, & Spézet: Coop Breizh, adargr. 2003), tt. 246-7. Yn fy nghyfieithiadau Cymraeg ceisiaf fynegi ystyr y testun Llydaweg llinell wrth linell; nid bardd mohonof.

3 Jean-Pierre Calloc'h, *A Genoux. Lais Bretons* (Paris: Plon, 1921), t. 234. Ceir crynodeb o'i fywyd a detholiad o'i lythyrau yn y gyfrol hon. Gweler hefyd Léon Le Palaux, *Jean-Pierre Calloc'h. Bleimor. Sa vie et ses oeuvres inédites* (Quimper: Le Goaziou, 1926).

4 Taldir oedd awdur anthem genedlaethol Llydaw *Bro goz ma Zadoù*, sef addasiad o *Hen Wlad fy Nhadau*. Daeth Taldir yn adnabyddus yng Nghymru yn sgil ei ymweliad adeg y Gyngres Geltaidd a gynhaliwyd yng Nghaernarfon ym 1904, a thrwy gyfieithiadau T. Gwynn Jones o rai o'i gerddi.

5 *A Genoux*, t. 213.

6 Mae Non, mam Dewi, yn santes bwysig yn Llydaw ac yn ôl y traddodiad fe'i chladdwyd ym mhentref Dirinon (nid nepell o ddinas Brest). Ceir ei hanes yn nifer o fersiynau Llydaweg o Fucheddau'r Saint.

7 Ceir yr un thema gan y Sais o Anglicanwr William Wordsworth yn ei gerdd 'Michael'.

8 Gw. Hywel Teifi Edwards, *O'r Pentre Gwyn i Gwmderi* (Llandysul: Gomer, 2004).

9 Guillaume Apollinaire, 'La petite auto', yn *Calligrammes* (Paris; NRF-Gallimard, 1979), t. 67.

10 Llythyr at René Bazin, er enghraifft, 27 Mawrth 1917 (*A Genoux*, t. 230).

11 T.E. Morgan, gol. R. Bellairs, *Every Reason to be Cheerful. A Journalist's Dispatches from the First World War* (Colchester: R. Bellairs, 2009), a llythyron teuluol yn fy meddiant.

12 *A Genoux. Lais Bretons*, tt. 215-18.

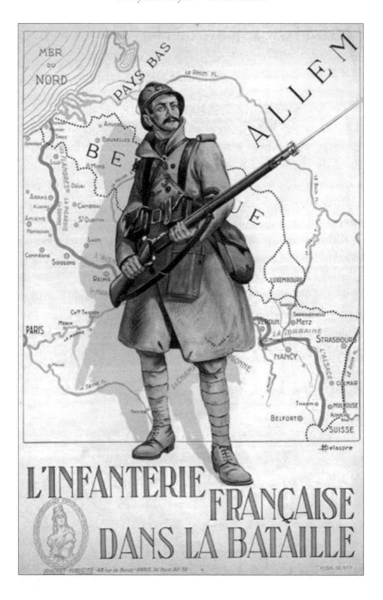

Un o bosteri recriwtio Ffrainc

Bardd Gwlad a Beirdd Ffosydd y Ro-wen

Myrddin ap Dafydd

Teiliwr oedd John Jones, aelod o weithdy prysur E. O. Evans, Tal-y-cafn – busnes sy'n dal i ffynnu wrth ymyl yr orsaf drên yno hyd heddiw. Cerddai yno dros y gefnen o'i gartref ym Modawen ar y groesffordd uchaf yn y Ro-wen. Cyfrannai newyddion am fywyd a chymdeithasau'r plwyf yn rheolaidd, yn ogystal â chyfresi o benillion dan yr enw barddol 'Ioan ap Ioan' i'r papur wythnosol, y *North Wales Weekly News* (argraffiad Bae Colwyn), o wasg R. E. Jones, Conwy. Gwelir ychydig o'i gerddi yn *Baner ac Amserau Cymru* yn ogystal ac mae'n cyfeirio ato'i hun fel 'bardd y nodwydd' mewn un cyfres o benillion, ac fel 'yr Ap' droeon eraill. Penillion cymdeithasol yn arddull sionc y bardd gwlad yw'r rhan fwyaf o waith Ioan ap Ioan – casglwyd nifer ohonynt, ynghyd â rhai cerddi eisteddfodol o'r un cyfnod, yn ei gyfrol *Telyn Rhyddid* a argraffwyd yn Llanrwst rai

Gweithdy'r teilwr yn Nhal-y-cafn yn 1924.
John Jones yw'r ail o'r chwith

blynyddoedd cyn y Rhyfel Mawr. Cafodd ei eni yn 1859, priododd â Margaret a ganwyd chwech o blant iddynt: John William (1890), Evan (1892), Mary Eleanor (1894) Ifor (1897), Gwladys (1900) a Daniel (1902). Bu farw'r bardd gwlad yn 1928.

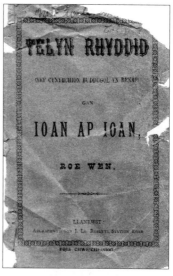

Cyfrol Ioan ap Ioan

Pentref a dyfodd yn sgil trafnidiaeth y porthmyn dros y canrifoedd ydi'r Ro-wen, ar lechweddau isaf dwyreiniol y Drum a Thal y Fan yng ngwaelod Dyffryn Conwy. Y bwlch mynyddig drosodd i Lanfairfechan ac Abergwyngregyn oedd bendith y porthmyn – Bwlch y Ddeufaen – yn dringo i uchder o 1,400 troedfedd uwchlaw'r môr. Mae'r ddau faen hir hynny yn sefyll yn y bwlch o hyd, yn arwydd fod yr hen lwybr hwnnw o Fôn a'r Fenai drosodd am Ddyffryn Conwy yno ers oes llawer cynharach. Yn nyddiau'r porthmyn, byddai galw am ofaint a chrefftwyr eraill – a thafarnau debyg iawn – ar lechweddau dwyreiniol y bwlch er mwyn pedoli'r stoc ar gyfer y daith a disychedu'r porthmyn a'r gyrwyr. Mae'r Bedol yn Nhal-y-bont a'r Bwl yn Llanbedrycennin yn tystio i'r hen drafnidiaeth hon, ond does dim dwywaith mai'r Ro-wen oedd prif bentref y porthmyn gyda gefail yng nghanol y pentref a saith o dafarnau yno ar un adeg, gan gynnwys un – y *White Hart* – yn uchel ar y ffordd am Fwlch y Ddeufaen.

Mae Cyfrifiad 1911 yn dangos mai rybelwyr, tyllwyr, chwarelwyr a naddwyr sets yn chwareli ithfaen Penmaenmawr oedd llawer o ddynion y Ro – roedd yr hen lwybrau dros y bwlch yn gyfleus i gyrraedd y chwareli gyda rhai dynion yn cerdded wyth milltir i'w gwaith bob bore.

Edrych i lawr y ffordd o'r mynydd ym mhentref y Ro-wen

Roedd pentrefwyr eraill yn fwynwyr yng nghloddfa blwm Henryd a'r gweddill yn grefftwyr gwlad – melinydd, cryddion, seiri, seiri meini, teiliwr, gweision ffermydd a saer olwynion.

Yn ei atgofion *Tros y Tresi* (Gwasg Gee, 1956) mae Huw T. Edwards, cadeirydd cyntaf Cyngor Cymru a gŵr amlwg ym mywyd cyhoeddus Cymru yng nghanol yr 20fed ganrif, yn cofio am hen bentref ei blentyndod. Mae yntau'n ategu bod dipyn o gymeriadau yn y pentref:

> 'R oedd pentre'r Ro-wen â'i lond o 'garictors' yn nechrau'r ganrif, fel pob pentref gwledig arall, a oedd yn byw yn hollol ar ei adnoddau ei hun, a bron heb gysylltiad â'r byd oddi allan.

Recriwtio 1914-1915

Daeth y byd mawr yn llawer nes at bob pentref gwreiddiol a hunangynhaliol yng Nghymru yn fuan iawn. Yn niwedd Awst 1914, adroddir yn y *North Wales Weekly News* bod swyddfa recriwtio wedi'i hagor yn Neuadd y Dre, Conwy gyda Mr A. Pickford yno fel swyddog recriwtio. Yma y byddai cannoedd o hogiau gwaelod Dyffryn Conwy yn gwirfoddoli i ymuno â'r fyddin dros y pymtheng mis nesaf.

Dros yr wythnosau nesaf, ceir adroddiadau niferus am gyfarfodydd cyhoeddus a gynhaliwyd mewn trefi a phentrefi i annog yr ieuenctid i godi arfau. Cynhaliwyd *'Military Concert'* yng Nghonwy, ac roedd defnydd dramatig yn cael ei wneud o fandiau milwrol er mwyn codi hwyl wrth ymgyrchu.

Roedd y meistri tir yn amlwg yn y cyfarfodydd hyn – dyma oes lle roedd dylanwad 'pobol y plas' yn dal i olygu rhywbeth. Adroddir am haelioni Arglwydd Aberconwy yn cynnig *'£5 for each local recruit'* mewn un cyfarfod. Roedd yr Arglwydd Mostyn yn feistr ar areithio tanbaid yn ogystal a honnodd yr Arglwydd Sandbach ar lwyfan cyhoeddus *'I'd be the first to volunteer, if I was ten to twenty years younger'*.

Ymysg aelodau dylanwadol eraill o'r gymdeithas bryd hynny, roedd meiri, cynghorwyr a phrifathrawon yn amlwg mewn cyfarfodydd recriwtio. Ond 'selebs' y cyfnod, wrth gwrs, oedd y pregethwyr a gwirfoddolodd byddin gref o goleri gwynion i ddadlau o blaid rhyfelgarwch. Mewn rhai cyfarfodydd, âi'n gystadleuaeth rhwng eglwysi pwy oedd gyda'r mwyaf o filwyr ymysg eu haelodau. Dan y pennawd *'Ministers Recruiting'*, adroddid am gyfarfod o'r fath yn Llandudno ym Medi 1914:

> Rev. J. Raymond said that three members of his church had joined and that three or four others would do so if they knew that their mothers would be looked after. (*Applause*)

Yn Chwefror 1915, ceir adroddiad am y Parch. Hugh Williams, Amlwch yn pregethu am awr a hanner yng nghapel Seion, Llanrwst gan annog hogiau ifanc i ymuno â'r fyddin. 'Rhowch eich ffydd yn Nuw, ond cadwch eich powdwr yn sych' oedd ei fyrdwn. Roedd wedi cael gweledigaeth meddai, ac ynddi roedd olwyn dân Eseciel yn cilio ar y foment er mwyn ailfagu nerth i droi cyfandir Ewrop o fod yn frwydr waedlyd i fod yn baradwys ddaearol lle bydd deddf Duw a chariad Crist yn trechu.

Ar ddechrau'r un flwyddyn, mae'r papur yn sôn am *'Colwyn Bay War Sermons'* gan *'Patriotic Ministers'* oedd yn dyrnu'r un neges o'u pulpudau: 'divine wisdom would bring about favourable conditions for the extension of Christ's Kingdom as a result of the war'.

Pwysleisir yn aml mor anghristnogol yw'r Almaenwyr. Wrth anelu'n benodol at chwarelwyr Penmaenmawr, nid yw un gweinidog yn dal yn ôl wrth apelio at eu Hanghydffurfiaeth Gymreig:

> Drwy holl Germany, agorir y chwareudai ar y Sabath a rhedir y cerbydresi fel ar bob dydd arall. Duw helpo'r Saboth Cymreig os y ceir Cymru dan sawdl yr Almaenwr!

Rhaid i chi fynd i ryfel, meddai wrth hogiau'r chwarel, neu mi fyddwn ni'n chwarae pêl-droed ar y Sul yma.

Creai penawdau cyson fel *'More Recruits'*, a *'Abergele and Llanddulas Men Join'* a *'Many Conwy Men Join'* fomentwm i'r ymgyrch. Anogai'r papur i'r merched roi plu gwynion ym mhocedi hogiau ifanc yr ardal nad oedd yn ymuno â'r fyddin. Argraffwyd y pennawd trawiadol *'Football Abandoned'* am wythnos gan fod cymaint o beldroedwyr Llandudno wedi mynd i'r gwersylloedd hyfforddi. Yn dilyn cyfarfod cyhoeddus ym mhentref bychan Tal-y-bont, roedd tinc arwrol i'r pennawd *'Ten Young Men Marched to the Front'* a phan fyddai'r gwirfoddolwyr yn gadael am eu gwersylloedd, byddai gorymdeithiau ar hyd y strydoedd a

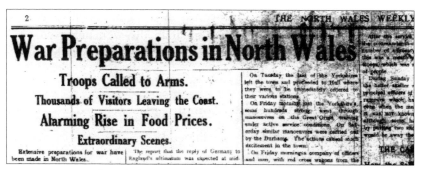

Pennawd yn rhifyn 6 Awst 1914, North Wales Weekly News

miri mawr ar blatfform gorsaf drên Conwy – *'Recruits Departure – Cheering Crowds'*.

Doedd y papur ddim yn ymatal chwaith wrth hyrwyddo'r ddelwedd bod yr Almaenwyr yn fwystfilod barbaraidd a bod y perygl iddynt ymosod a meddiannu gwledydd Prydain yn un realistig iawn. Dyma rai penawdau ar ddechrau 1915:

WAR VICTIMS AT LLANDUDNO
– Evidence of German Atrocities

INVASION DANGER
Possible to land troops at Colwyn Bay

Roedd hyn i gyd yn cael effaith ar feddyliau ac emosiynau pobl a fyddai'n arferol yn heddychlon a chroesawgar. Adroddir fod ambell ymwelydd â'r trefi glan môr yn cael eu trin yn fygythiol ac yn destun drwgdybiaeth – a hynny mewn ardaloedd oedd yn ddibynnol iawn ar dwristiaeth a chroesawu dieithriaid i'w mysg.

ARE YOU A GERMAN?
The above question was put to a peaceful visitor of Conwy on Friday night by a man who was the worse for drink ...

Y tinc jingoistaidd hwnnw sy'n eglur iawn yng ngholofnau a phenillion Ioan ap Ioan, Ro-wen hefyd yn ystod 1914-15. Dyma ei gân gyntaf, ac anogaeth i ymfyddino a geir yn hon:

I'r Gad, Ieuengctyd Cymru

Yn nghanol swn byddinoedd
Sy'n ymdaith tua'r gâd,
Mae adsain y rhyfeloedd
Yn ysbrydoli'n gwlad;
Nes ennyn brwd awyddfryd,
Dros gyrion byd o'r bron,
I alw hoff ieuengctyd
I'r gâd y funud hon.

Apelia udgorn rhyfel
Yn union atoch chwi
I roi eich nod yn uchel,
Fel milwyr dewr i ni;
A gwneyd eich goreu hefyd
Yn nghwmni'r lluoedd sydd
Yn disgwyl am ieuengctyd
I ennill nerth y dydd.

Rhowch urddas ar wahoddiad
Drwy ufuddhau yn awr,
Nes clywir eich cerddediad
Yn deffro gyda'r wawr;
"Ymlaen!" fo nod eich bywyd,
Am oruchafiaeth lân
Mewn "ymdrech fawr" yn unfryd,
Yw fy erfyniol gân.

Ioan ap Ioan, Ro-wen (Medi 1914)

Ac yna yn Ebrill 1915, canodd y penillion hyn. Mae'r cyfeiriad at 'Anrhydedd i Gymru' yn adlewyrchu'r pwyslais oedd gan ymgyrch recriwtio'r fyddin yng Nghymru a'r addewid gan rai o'r arweinwyr yma am 'Fyddin Gymreig'. Mae'r 'gwahoddiad' yn rhywbeth sy'n perthyn i'n cenedl ni erbyn hyn:

Gwahoddiad i'r Gad

Mae'r ymdaith yn wrol; clyw swn eu cerddediad,
Wrth alw'r byddinoedd ar wasgar 'nghyd;
Llon yw eu cyweirnod, a phawb a'i edrychiad
I wersyll y gelyn i'w ymlid o'r byd;
Pob pentref a chwmrwd drwy Gymru fynyddig,
Ymwelir â'r cyfan heb eithriad o'r bron;
Yn nerth eu gwladgarwch eu sel sydd frwdfrydig
Wrth alw'r hwyrfrydig i'r ymdrech fawr hon.

Paham, O! ieunctyd, na chlywch y gwahoddiad
Sy'n amlwg ei seiniau i bawb drwy y wlad?
Pob bachgen iach, heini, a dewr ei edrychiad,
Ymunwch heb oediad ar ennill y gâd,
Anrhydedd i Gymru fydd diwedd yr ornest,
Os unwch o ddifri yn awr heb ymdroi;
Cyfiawnder yw'r sylfaen, mae'r alwad yn onest
A lladdwn y gelyn fel nas gall byth ffoi.

Wrth chwilota drwy rifynnau y *North Wales Weekly News*, gwelir bod saith ar hugain o enwau gwahanol dan benillion Cymraeg rhwng 1914-18. Daeth amryw ohonynt gan filwyr o faes y gad. Mae'r ysgrif hon yn canolbwyntio ar waith John Jones, y bardd gwlad oedd yn rhan o'r gymdeithas adref yn y Ro-wen ac ar benillion tri o 'Feirdd Ffosydd' y pentref – milwyr yn Ffrainc a yrrodd rhai o'u penillion yn ôl at eu teuluoedd a'r ardalwyr.

Y Fyddin 'Siriol'

Erbyn Mehefin 1915, mae'r rhyfel yn dangos ei ddannedd, ac mae tinc gwahanol i'r penawdau sy'n ymddangos:

GALLANT FUSILIERS
Five Hundred Casualties

CAPTAIN WRIGLEY COED MAWR, ROEWEN
Wounded in the Dardanelles

GASSED SOLDIERS
Terrible Suffering
Many now at Colwyn Bay

Ymhen rhai misoedd, roedd colofn *CASUALTIES* yn cael ei hargraffu yn y papur a byddai hon yn ymddangos yn wythnosol hyd ddiwedd 1918. Roedd yr isbenawdau eu hunain yn adrodd y stori: *Killed/Died of Wounds/Previously reported wounded, now reported died of wounds/Wounded/ Missing/Accidentally Killed.* Adroddir am golledion Cymreig trwm iawn yn y Dardanelles yn Nhachwedd 1915, pan laddwyd llawer o 8fed Bataliwn y Ffiwsilwyr Cymreig. Ond mae'r hysbysebion recriwtio a'r pwysau 'moesol' a roddid ar lanciau i ymuno â'r fyddin yn amlwg yn y penawdau yr un pryd:

DEFENDING THEIR COUNTRY
(a lluniau ac enwau 6 neu 8 milwr o'r ardal bob wythnos)

ROLL OF HONOUR

ANOTHER APPEAL TO CONWY MEN

NEED FOR MEN
The Best Way to Die

Roedd cymdeithas farddol y dyffryn yn parhau i ddathlu Arwest Glan Geirionydd ar Fryn y Caniadau ger Llyn Geirionydd bob mis Awst – a gwneid hynny'n ddi-dor drwy'r rhyfel. Roedd amser o hyd i adrodd a chanu cerddi mewn 'picnic gorseddol' awyr agored a sefydlwyd yn wreiddiol gan Gwilym Cowlyd a'i orseddogion i ddathlu'r 'wir Eisteddfod' mewn llecyn a gysylltir â genedigaeth Taliesin Ben Beirdd. Ond yn ogystal â'r seremonïau traddodiadol yn y *'Bardic Festival at Geirionydd Lake'*, wele'r pennawd hwn yn ymddangos yn Awst 1915:

KAISER EFFIGY BURNT

Gyda cholledion y flwyddyn yn trymhau, roedd ymgyrch daer arall i recriwtio yn Rhagfyr 1915:

RUSH TO ENLIST
Magnificent Response to Final Appeal

Roedd yr awdurdodau wedi cyhoeddi mai hwn oedd y cyfle olaf i wirfoddoli i ymuno â'r fyddin. Byddai gorfodaeth filwrol ar ddynion sengl yn Ionawr 1916, ond roedd bri arbennig yn perthyn i'r rhai oedd yn gwirfoddoli, meddai'r propagandwyr. Yn wir, doedd dim sicrwydd y caech fod yn rhan o'r tanio oni wnaech ymuno ar fyrder.

Canlyniad y propaganda diweddaraf oedd bod cannoedd o fechgyn lleol wedi tyrru i'r swyddfa recriwtio yn Neuadd y Dref, Conwy i gael profion meddygol i weld os oeddent yn ffit ac yn iach i fynd i'r ffosydd. Ar Sadwrn, 11eg Rhagfyr, roedd cymaint o fechgyn lleol yno nes eu bod wrthi'n cofrestru aelodau newydd hyd 11.15 y nos ac yna wedi dweud wrth weddill y dyrfa am ddychwelyd drannoeth i gwblhau'r gwaith o listio. Roedd y tân yn fflamio'n ddigon cryf ym mynwesau'r bechgyn i fynd adref, treulio'r noson yn meddwl dros y peth a cherdded yn ôl i'r swyddfa recriwtio fore Sul. Hogiau pentrefi'r wlad oedd y rhai a ddychwelodd yn ôl adroddiad yn y papur yr wythnos ddilynol:

> On Sunday, about fifty men were attested most of them hailing from the Conwy Valley which included Dolgarrog, Talybont, Tynygroes and Roewen.

Roedd Ioan ap Ioan, dan golofn newyddion y pentref, yn cadarnhau hynny, ac mae'n methu mygu'r balchder yn ei lais:

Roewen
Ymrestru
Bu awel gref ufudd-dod yn ddigon i yrru ein bechgyn yn gyffredinol iawn i Gonwy o dan law y doctoriaid i edrych a oedd deunydd milwyr ynddynt.
Ymadael
Mae mab yr Ysgol wedi cychwyn i'r frwydr. Dyma'r chweched mab i Mr Hughes i ymuno â'r fyddin. Rhagorol!

Nodir yn rhifyn olaf y flwyddyn, 30ain Rhagfyr, 1915, bod mil o filwyr newydd yn gorymdeithio drwy Landudno i groesawu'r flwyddyn newydd. Roedd bardd plwy'r Ro-wen yntau yn cyfarch 1916 yn sionc a gobeithiol. Yn y penillion hwyliog hyn, mae adlais o hen hen gerdd Aneirin sy'n disgrifio aelodau unigol o fyddin llwyth y Gododdin a gyrchodd frwydr yng Nghatraeth yn y 6ed ganrif. Disgrifiodd Aneirin, bardd llys Mynyddog Mwynfawr, y fyddin yn gadael Caeredin yn 'ffraeth eu llu', yn llawn chwerthin, llawn miri, yn eu hwyliau gorau ar ôl treulio blwyddyn yn ymarfer, paratoi a gwledda yn llys y brenin. Dyma sut y mae Ioan ap Ioan yntau yn disgrifio bechgyn y

Ro yn fintai gref yn gadael am feysydd tân y Rhyfel Mawr –
rhai yn gadael am y tro cyntaf ac eraill yno ers 1914. Nid
rhifau mewn catrodau ydyn nhw, ond enwau ar lafar y plwyf.
Roedd ei fab ei hun, John W. Jones ymysg yr enwau.

Fy nhaid (ganwyd 19 Ebrill, 1898) oedd y 'Richard
Parry siriol' sy'n cael ei enwi yn y pennill olaf. Er mwyn
ymuno â'r criw mawr o lanciau oedd yn gadael y Ro gyda'i
gilydd, bu'n rhaid iddo ddweud celwydd am ei oedran. Nid
oedd ond dwy ar bymtheg oed pan listiodd yn Rhagfyr 1915
ac ni fyddai'n bedair ar bymtheg oed hyd Ebrill 1917. Pan
aeth at uwch swyddog i gyfaddef ei gelwydd a gofyn os câi o
fynd adref, wnaeth hwnnw ond gwenu'n drist arno a siglo'i
ben.

Blwyddyn Newydd Dda

Blwyddyn newydd dda i chwi
Medd bardd y nodwydd,
Sydd wrthi'n ddiwyd ger y lli
Er llid gerwinol dywydd;
I'r 'Ab' yr 'Ioan' o Ro Wen,
J. W. Jones, Bodawen,
A John a Morris o Bontddu,
A'r postman gynt, Hugh Owen.
A Bob a John o Rhiw gerllaw,
A William, Cottage, hefyd,
A Llew, Ty Gwyn, pwy arall ddaw
I chwyddo'u rhif yn hyfryd?
Wel meib Manchester House ynte
A 'D', Pant'r Afon, wrol,
A Hugh, Mount Pleasant, byddin gre,
A chwech o feib Yr Ysgol.
Wel dyna gyfres gan fy ngho'
Ar ddechreu blwyddyn newydd

O filwyr dewr o bentre'r 'O'
Sy'n gweini'n gwlad mewn tywydd;
Bu agos i'm anghofio un,
Sef Richard Parry siriol,
Prysured 'heddwch' hardd ei lun
I loni'n bechgyn gwrol.

Ioan ap Ioan, 13 Ionawr, 1916

Yn nyddiaduron 1913-1928 Y Parch. O Gaianydd Williams, gweinidog Capel Seion, y Ro-wen, yng nghasgliad llawysgrifau Archifdy Prifysgol Bangor, ceir y cofnod hwn: '11 Rhag 1915, Dydd olaf ymrestru dan drefn Arglwydd Derbi. Aeth y bechgyn oll ond dau neu dri.'

'Ein Clwyfedigion'

Symudodd y bechgyn 'siriol' i 'No. 19 Camp, Kinmel Park' ganol Ionawr 1916. Byddent yn treulio'r rhan helaethaf o'r flwyddyn yno yn ymarfer eu crefft. Ond roedd llanciau a recriwtiwyd yn gynharach na'r don ddiweddaraf eisoes yng nghanol erchylltra'r brwydro ac yn gynnar yn 1916 mae bardd y Ro yn cofnodi hanes y clwyfedigion cynnar – Joe wedi'i glwyfo yn ei lygad, Hugh Owen, Pistyll Du gartref o'r ysbyty, a John, mab Ioan ab Ioan, wedi'i glwyfo yr eilwaith, wedi'i saethu yn ei fraich dde.

Fis Gorffennaf, a brwydr fawr y Somme yn ei hanterth, mae'r effaith i'w theimlo yn y pentref bach yn Nyffryn Conwy:

*Carreg fedd
Y Parch. O. Gaianydd Willia
ym mynwent Ty'n-y-groes*

Blin gennym hysbysu i'r cyfaill hoff Mr Morris
Roberts, Bont Ddu gael ei glwyfo yn Ffrainc. Mae ar
hyn o bryd mewn hospital yn Manchester.

Adroddir bod John W. Jones, mab 'yr Ap', yn gwella'n araf ac
wedi'i symud o 'Surrey Hospital i Croydon Hospital'. Eto,
mae'r balchter i'w glywed yno o hyd wrth i'r tad adrodd fod
ei fab ieuengaf Ifor wedi ymuno â'r fyddin 'yn llawn
ysbrydiaeth ei frawd hynaf'.

Efallai mai penillion a gyfansoddodd John ac a
gyhoeddwyd yn y papur dan y teitl *'A Soldier but Unknown'*
ym Mawrth 1916 oedd rhan o'r 'ysbrydiaeth' honno. John
William, mab 'yr Ap,' oedd
un o 'Feirdd Ffosydd' y Ro-
wen. Yn y penillion hyn cawn
gip ar hiraeth y milwr am
gefn gwlad tawelach; darlun
o lanast gweledol y rhyfel a
thristwch y corff a gladdwyd
heb fod neb yn medru'i
adnabod. O'i gymharu â'r
traddodiad   Cymreig   o
gynnwys enwau milwyr ac
enwau eu cartrefi hefyd yn y
cerddi rhyfel – a'r traddodiad
hwnnw'n ymestyn yn ôl i'r
farddoniaeth gynharaf yn y
Gymraeg – cymaint mwy yw
chwithdod y prydydd o weld
croes sy'n nodi nad oes neb
yn gwybod enw'r milwr sydd
oddi tani:

Carreg fedd y tri brawd o Bont Ddu ym
mynwent Llangelynnin

Pan ar fy nhaith o'r trenches
Un boreu tawel, braf,
Fe glywais lais yr adar bach
Yn sibrwd – 'Dod mae'r haf'.

Ond olion galanastra
Roes destyn i fy nghân:
A heddyw fe gewch dwrr o bridd
Gynt lle'r oedd palas glân.

Wrth fynd ymlaen yn frysiog
Fe welais groes fach bren,
Ag ar y groes 'A soldier's cap',
A seren fechan wen.

Ac arni roedd ysgrifen,
Ond enw nid oedd sôn,
A dyma'n unig welais i –
'A solder, but unknown'.

Pwy bynnag yw y milwr
Sy'n gorwedd yn y fan,
Fe safodd dros ei wlad fel dur, –
Mae wedi gwneud ei ran.

Oedd ganddo gartref tybed?
Ond nid oes air o sôn;
Ond hyn yw'r cwbl ddwed y groes, –
'A soldier, but unknown'.

Mae'n awr mewn gwlad o heddwch,
Am ryfel nid oes sôn,
A phan y geilw Duw y roll
'The soldier will be known'.

John W. Jones, Ffrainc

John W. Jones ym mhriodas ei chwaer ar ôl y rhyfel

Ar ôl imi ddarllen y penillion hyn mewn cyfarfod cymdeithasol yng nghapel Llwyndyrys, daeth Llew Wyn, saer coed o Ros-fawr ataf ar ddiwedd y noson gan ddweud ei fod wedi'u clywed o'r blaen gan fy synnu drwy ganu un pennill oddi ar ei gof. Roedd John William yr awdur hefyd yn ganwr da. Ceir cofnod amdano yn nyddiadur y Parch. J. Cynddelw Williams oedd yn gaplan gyda'r RWF:

29 Mawrth 1916 [yn Reinghelst, gwlad Belg]

'... clywais fod ein harweinydd canu wedi ei glwyfo: haedda Pte J. W. Jones o Roewen ei enwi fel un wnaeth lawer o wasanaeth dros ganiadaeth yn ein hadran.'

Ni allwn ond dyfalu beth oedd ystyr 'gwasanaeth dros ganiadaeth' yn y ffosydd. Ond roedd Llew Wyn wedi clywed y penillion yn cael eu canu mewn cyngherddau yn Llŷn gan driawd yn yr 1980au. Un o'r Rhiw, Wil Penrallt, oedd yn canu tenor; Wil Lewis o Edern oedd yn canu bas ac Arfon Wern-las, hefyd o Edern yn canu'r alaw. Roedd Arfon Wern-las wedi bod yn y Rhyfel Mawr ac wedi bod yng nghanol y tân yn nôl ffrind oedd wedi'i anafu, meddai Llew. Doedd ganddyn nhw fyth gopi – dim ond yn canu'r penillion oddi ar eu cof. Efallai bod yna dystiolaeth o draddodiad llafar y ffosydd yma – prydydd, oedd hefyd yn ganwr da, yn creu penillion ar alaw yn ei ben, yn eu canu ymysg bechgyn yr adran a rhai o'r rheiny'n eu cofio ac yn eu canu hefyd.

Canodd Ioan ap Ioan benillion i annerch milwr clwyfus a ddaeth adref, ac na fyddai'n gorfod dychwelyd i'r brwydro.

Mae'n llongyfarch y milwr, ond eto rydym yn gwybod ei fod wedi'i anafu'n rhy ddrwg i barhau â bywyd milwr ac na chaiff fyth eto fwynhau 'iechyd megis cynt'. Fel yr oedd y mab yn Ffrainc yn ymfalchïo bod y milwr yn ei fedd 'wedi gwneud ei ran', mae'r bardd gwlad adref hefyd yn mynnu bod arwr y penillion hyn wedi gwneud yr hyn oedd yn ddisgwyliedig ganddo:

> **Y dewr yn ôl o'r gad**
> *(Cyflwynedig i Mr Bobbie Fisher,*
> *Ddolcrwm, Roewen)*
>
> Dymunaf yn galonog,
> Mewn cân o ddyfnder serch,
> Longyfarch Bobbie adre'n ol –
> Yn ol o'r rhyfel erch;
> Wrth ateb llais yr 'alwad',
> Fe wnaeth ddyledswydd fawr,
> Ac wrth ei gneud fel dewr o fri
> Ei iechyd aeth i lawr.
>
> Bu'n galed iawn yn brwydro
> A'i gystudd draw yn bell,
> Nes iddo orfod troi yn ol –
> Hyn iddo ef oedd well;
> Daeth adref wedi gwneuthur
> Ei ddyled dros ei wlad,
> A choron yn ei hanes fydd
> Ei sel dros Brydain fad.
>
> Dymunwn ei adferiad
> I'w iechyd megys cynt,
> O dan awelon cartref mwyn,
> A hedd yn llanw'r gwynt;

Dim son am ryfel mwyach
Nes delo'i oes i ben,
A dyna wynfyd wrth ei fodd
Ger pentref bach Roewen.

Ioan ap Ioan, Gorff. 1916

Yn ei golofon newyddion, roedd Ioan ap Ioan yn mynegi llawenydd yr ardal o weld y bechgyn yn ôl yn eu mysg. Fwyfwy mae'r cyfnodau o seibiant, gan gynnwys cyfnodau o wella o glwyfau'r ymladd a llythyrau i'r gad, yn cael eu trysori. Drwy'r cyfan, mae llanciau eraill yn dod i oed ac yn cael eu galw i'r rhengoedd.

Fy nhaid – Richard Parry – yn ei lifrai yn ddwy ar bymtheg oed

ON LEAVE – Engineer Lieut. W. Gethin Jones, of H.M.S. Royal Scot, the son of Mrs Hughes, Council School, Roewen, is home on leave this week. J. H. Hughes, A.B., the son of Mr Hughes, was in the thick of the North Sea battle, and Mr and Mrs Hughes were much relieved to hear that he was safe. Mr and Mrs Hughes have seven sons serving in the Army and Navy.   – Gorff. 1916

GARTREF – Cafodd Mr Richard Parry, Ty'n Llidiart, dreilio'r Saboth yng nghwmni ei rieni a'i gyfeillion. Edrych yn dda. Yn Kinmel yr erys. – Gorff. 1916

AM DRO – Wedi hir ddisgwyl a holi daeth y Private J. W. Jones, mab Ioan ap Ioan, adref am bythefnos o wyliau. Clwyfwyd ef yn Ffrainc hanner blwyddyn yn ol drwy ei fraich dde, a rhyfedd ei fod wedi dianc a'i

fywyd yn ddiogel, gan mor ofnadwy yr edrydd yr hanes. Erys yn Ysbyty Croydon, ger Llundain, ac ni wyr pa hyd y rhaid iddo aros yno. Edrych yn rhagorol, a diolchwn nad yw effaith y clwyf wedi gwneud niwed i'w iechyd. Llongyfarchwn ef yn galonog ar ei ymweliad.
WEDI MYND – Mr Arthur Roberts, Erw Cottages, aeth yn galonog i'r fyddin, a Mr David Knowles, Trwyn Wylfa, ac os oes rhywbeth mewn enw gallwn hyderu y gall y ddau roddi cyfrif da ar ddiwedd yr ornest.   – Awst 1916

'Jac Rhiw'

Daeth Morris Roberts, Bont Ddu gartref o'r ysbyty yn edrych yn well na'r disgwyliad gan iddo gael ei glwyfo yn drwm. Mae yn ôl yn awr yn ysbytty Kinmel Park.
                    – Hyd. 1916

Mae Hugh Conway Griffiths, Pant yr Afon adref yn gwella.   – Hyd. 1916

WEDI MYND – Dyna hanes y Private Morris Hughes, Tŷ Pen. Cychwynodd i'r Aipht. Gobeithio y daw yn ôl yn ddiogel.   – Tach. 1916

Mae Private Ifor Jones, Bod Awen [mab ieuengaf Ioan ap Ioan] wedi cael rhyddid i ddod adref. Erys yn Oswestry.   – Tach. 1916

O FFRAINC – Cafodd 'yr Ap' air oddi wrth Jack Bontddu. Mae'n iach, ac mewn ysbryd da. Mae 'Dic' ei drydydd brawd wedi listio eto. – Tach. 1916

Ym Medi 1916 adroddir am y gwasanaeth coffa cyntaf yn y Ro-wen i un o hogiau'r ardal:

MEMORIAL SERVICE – A memorial service was held at the C.M. Chapel on Sunday evening to Private John Jones, son of Mr and Mrs Jones, Rhiw, who died of wounds in France. He was a member of the above church and was a good Sunday school worker. Much symphathy is felt with the parents, who have another son, who is wounded.

Crydd y pentref oedd 'Jac Rhiw', fel y câi ei alw. Ceir cofnod amdano yn nyddiadur y Parch. J. Cynddelw Williams oedd yn gaplan gyda'r RWF:

16-17 Awst 1916 Casement Trench
'Troais yn fy ol y tro cyntaf er cyd-gerdded gyda'r stretcher bearers oedd yn cario y milwr ieuanc hoffus Preifat John Jones o Roewen: bu farw ym mhen rhyw ddiwrnod neu ddau o'i glwyfau.'

Yn Hydref y flwyddyn honno hefyd cynhwyswyd hysbyseb mawr ar dudalen flaen y papur yn nodi bod ffilm arbennig i'w dangos ym Mhafiliwn Pier Bae Colwyn:

THE BATTLE OF THE SOMME

gyda'r dyfyniad: *Lloyd George said 'Everyone should see this epic of British gallantry and self-sacrifice'.*

Hiraeth

Ychydig iawn o frwdfrydedd dros frwydro sydd i'w glywed yng ngholofn newyddion y Ro-wen neu yng nghyfraniadau'r milwyr o faes y gad i'r papur yn ystod 1917. Roedd y rhyfel yn ei thrydedd blwyddyn.

Ar ddechrau'r flwyddyn, cofnodir cyd-ddigwyddiad rhyfedd ar gân – tri o hen ffrindiau o'r Ro-wen yn cyfarfod mewn pentref ar ôl bod mewn brwydr ffyrnig. Cawsant hoe yng nghwmni'i gilydd cyn mynd i'w gwahanol ffyrdd – Hugh o Ben-y-Ffrith (Huw T. Edwards), William Cottage a Hugh Mount Pleasant, y 'bardd ffosydd' yn yr achos hwn. Am ychydig oriau wedi'r frwydr, y Ro-wen ydi'r pentref bach hwnnw yn Ffrainc:

Cyfarfyddiad Hen Gyfeillion

Da genyf oedd cyfarfod
A Hugh o Ben-y-Ffrith,
Ynghyd â William Cottage,
Mewn iechyd yn ein plith;
Mewn pentref bychan gwledig
Yn gorffwys munud awr,
'Rol bod mewn brwydr bwysig
Dan dân y 'gynau mawr'.

Ai tybed y cawn weled
Y rhyfel hon ar ben,
Ac eto unwaith ddyfod
I bentref bach Roewen?
Wrth feddwl am y brwydro,
A'r tywallt gwaed di-les,
Daw geiriau'r Sais i'm meddwl –
'God's own mysterious ways'.

Os beddrod fydd ein hanes
Mewn pell estronol le,
Rhaid plygu pen a d'wedyd:
'God's own mysterious way'.
Ond dyma benderfyniad
Tri bachgen o Roewen:
'Ymladdwn hyd y diwedd
Er clod i Gymru wen'.

> Hugh Jones, Mount Pleasant,
> Roewen (yn awr yn Ffrainc),

Dim ond enw William Cottage ddaeth yn ôl i'r Ro-wen – mae'r enw ar y plac efydd yn neuadd y pentref sy'n coffáu'r wyth milwr a laddwyd yn y Rhyfel Mawr.

Bu colledion eraill y flwyddyn honno:

> NEWYDD TRIST – Neithiwr (nos Fawrth), Ebrill 10, cyrhaeddodd y newydd fod Mr Evan Thomas, Mount Pleasant, wedi marw o'i glwyfau yn Ffrainc. Cafodd ei glwyfo yn flaenorol, ac nid oedd ond ychydig amser er pan y dychwelodd i'r 'trenches' yn ol. Heddyw (dydd Mercher) wedi hynny daeth y newydd trist fod Mr John Elias Williams, Manchester House, wedi cwympo ar faes y gwaed yn yr Aifft. Yr oedd y ddau yn fechgyn ieuainc hynod o ddymunol, a gofidus yw meddwl na cheir gweled eu gwynebau mwyach yn ardal y Ro. Y Diddanydd a ddiddano eu perthynasau yn eu profedigaeth lem. – Cyfaill.   Ebrill 1917

Mae bardd Bodawen yn canu i gofio am lanc o'r plwyf agosaf a gollwyd yn yr un mis. Yr awgrym yn y penillion hyn yw mai Cymro uniaith Gymraeg oedd Ted Thomas ac iddo farw o ryw afiechyd yn y gwersyll hyfforddi – a hynny cyn iddo gael digon o afael ar Saesneg i ddeall 'iaith y fyddin' na 'llef y swyddog'. Nid anrhydedd arwrol y milwr marw ydi testun y gân hon, ond y drasiedi o golli llanc mor ifanc a'r galar hir a glywir ar ei ôl:

Cân Goffa

Ted Thomas, Penywaen,
Atebodd lais y Brenin,
Ond rhoes ei gleddyf yn y wain
Cyn dysgu iaith y fyddin;
Gadawodd gartref clyd
A gwraig a phlant i'w cadw,
Ond chwalwyd y trefniadau i gyd –
Mae heddyw'n filwr marw.

Yn glaf cymerwyd ef
Ar drothwy ei gychwyniad,
Cyn deall ystyr llef
Y swyddog, na'i edrychiad;
Mor anhawdd, onide,
Yw codi'r llen am foment,
I weled pa mor fer y daith
O'r bwthyn gwyn i'r fynwent.

Chwith meddwl nad yw mwy
Yn llyw ei aelwyd fechan,
A hir y pery'r clwy'
I'r teulu trist eu hunain;
Ond cysur cofio hyn
I'r teulu yn eu galar,
Fod Un dry'r du yn wyn,
Mae'n Frenin Nef a daear.

Ioan ap Ioan, Ebrill 1917

Roedd John Jones hefyd yn adnabod teulu David John, Tŷ Gwyn, Eglwysbach. Roedd y saer olwynion hwn wedi ymuno â'r fyddin yn Ebrill 1915 yn ddwy ar hugain oed. Cyrhaeddodd Ffrainc ddechrau Gorffennaf ac ni bu yno ddim ond tair wythnos cyn cael ei ladd. Rhyfel 'creulon' ydi hwn bellach ac nid yw 'adsain y rhyfeloedd yn ysbrydoli'n gwlad' erbyn hyn:

> **Gair o bell**
> (Cyflwynedig i'r teulu)
>
> Ar aden brys daeth newydd syn
> A dychryn i bob calon
> Drwy Eglwys Bach a bwth Ty Gwyn
> O faes y rhyfel greulon;
> Eu David John yn aberth aeth
> I lid a thân y gelyn,
> A swn y newydd trist a wnaeth
> Weddnewid gwedd y bwthyn.
>
> Du iawn am hir fydd enw hwn,
> Mae hyn i bawb yn eglur,
> A phoen fydd enw cledd a gwn
> I'r teulu yn eu dolur;
> Mor chwith yw meddwl am y llanc
> Roedd pawb yn hoff o hono,
> Os sydyn y daeth dydd ei dranc –
> Hir fydd y cof am dano.
>
> O'i wirfodd aeth yn ddewr i'r gâd,
> A gwnaeth ei oreu ynddi,
> Nes enill ymddiriedaeth gwlad
> Fel swyddog llawn o yni;

Yn Sergeant-Major gwnaeth ei waith
Yn bur dan amlwg lwyddiant,
A thrist yw meddwl fod ei daith
Ar ben yn Ffrainc ddifwyniant.

Ioan ap Ioan, Medi 1917

Dôi rhai o fechgyn y Ro adref am sbelan; roedd eraill
wedi'u clwyfo ac yn wael. Yn wythnosol bron, dymunir y
gorau iddynt gan y gohebydd lleol. Cofnodir pob llythyr
calonnog a dderbynnir ar yr aelwydydd:

WEDI EI GLWYFO – Daeth gair fod Mr Robert Parry
Jones, Groesffordd, wedi ei glwyfo yn Ffrainc, a drwg
gennym hysbysu iddo gael yr anwydwst ar ei
ddyfodiad i ysbytty yn Manchester. Hyderwn y bydd
yn fuan yn abl i gael seibiant gyda'i wraig a'i blant yn
Roewen. Ni bu adref o gwbl.   – Ion. 1917

CYN MYND I FFRAINC – Daeth Private Morris
Roberts, Bont Ddu, adref dros y Sul. Bydd yn
cychwyn i Ffrainc eto am yr ail dro ddechreu yr
wythnos. Hefyd cychwynodd ei frawd, William, i
Wrexham. Dyna bedwar o feibion o'r un aelwyd wedi
eu galw i'r fyddin.
TRO BYR – Bu'r Private R. Parry, Ty'n-llidiart, gartref
am dro byr. Nid yw wedi bod yn dda ei iechyd.
Hyderwn ei fod yn gwella.   – Mai 1917

Daeth D. Jones, Rhiw adref wedi cael anaf i'w fraich. Y
newydd ar ôl hynny oedd bod rhaid torri'i fraich i ffwrdd yn
yr ysbyty. Ym Mehefin, clywir amdano yn mynd i Gaerdydd
'i gael braich o waith dyn'.

O FFRAINC – Balch oeddym o groesawu y Private John Roberts, Bont Ddu, adref. Edrychai yn dda, er cysur i'w dad gwael a llu o gyfeillion. – Awst 1917

Yn ddiweddarach y flwyddyn honno, mae bardd Bodawen yn derbyn llythyr gan John Bont Ddu yn cwyno mai ef yw'r unig Gymro yn ei gatrawd.

O'R AIFFT I'R ROE – Llonwyd aelwyd Ty Pen gan epistol oddi wrth Morris. Da gan bawb ddeall ei fod wedi gwella. – Medi 1917

Y Gofal a'r Galar
Roedd ei ofalon ar ei aelwyd ei hun yn tagu Ioan ap Ioan yn ystod misoedd olaf y rhyfel. Tawel iawn oedd ei awen, hyd yn oed pan ddôi'r newydd am golledion i deuluoedd y Ro. Pan fyddai'n ailafael yn ei golofn yn achlysurol, cael rhyddhad o'r fyddin a throi cefn ar yr ymladd oedd testun ei lawenydd bellach.

Y TRI HUGH – Mae Hugh, Mount Pleasant; Hugh, Pistyll Du a Hugh, Y Fron, yn glwyfedigion rhyfel. Mae y ddau gyntaf mewn ysbyty, ond yr olaf gartref, a golwg o fedr y gelyn yn amlwg arno. – Mawrth 1918

Y DDAU EVAN – Tant llon sydd i hanes y cyn-filwr Evan Thomas, Tan y Celyn, Cafodd ei ryddhad bythol o'r diwedd. Hefyd bu ei dad, 'Ap Henryd', yn orweddiog am wythnosau, ond daeth ei iechyd yn ol, a diolcha am garedigrwydd pawb. – Mai 1918

Ym Mai 1919, cynhaliwyd cyfarfod a the parti yn y Ro-wen i groesawu'r cyn-filwyr yn ôl i'r pentref. Yn ôl y cofnod swyddogol yn y papur, *'Mr J. W. Jones, Bodawen, contributed*

*Carreg goffa Huw T. Edwards ger Pont Swan yn y Ro-wen
a digriflun ohono yn yr arddangosfa yng Nghapel Seion*

*the musical items which were supplemented by the gramophone
selections supplied by Mr Walter Lloyd, Post Office.'*

Yn Nhachwedd 1914, adroddir dan y pennawd *'A family
of soldiers'* yn y *North Wales Weekly News*:

> Mr Hugh Edwards, Fron has four sons with the
> colours, one at the front, the others in training.

Mae Fron Haul yn uchel ar y llechweddau uwch pentre'r
Ro, rhwng Pont Foty Gwyn a Llanbedrycennin. Dau frawd a
dau lys-frawd oeddent a'r hynaf oedd Huw T. Edwards oedd
yn aelod o'r fyddin cyn i'r rhyfel ddechrau ac roedd yntau
hefyd yn un o'r beirdd ffosydd. Roedd y tri brawd arall,
Robert, Joseph a William, gyda gwahanol fataliynau'r *Royal
Welsh Fusiliers*. Cawn ar ddeall yng nghwrs y rhyfel i Joseph
wasanaethu yn Ffrainc a William yn Gallipoli. Mae'n
rhyfeddol bod un aelwyd wedi anfon pedwar mab i'r
brwydro; mae'n fwy rhyfeddol fyth fod y pedwar – er
gwaethaf nifer o anafiadau – wedi dychwelyd adref yn fyw ar

HUGH EDWARDS. DRIVER.	ARMY SERVICE CORPS	4	BRON HAUL
ROBERT EDWARDS.	ROYAL WELSH FUSILIERS	4	BRON HAUL
JOSEPH THOMAS.	10ʳ BAT. ROYAL WELSH FUSILIERS	4	BRON HAUL
WILLIAM THOMAS	6ʳ BAT. ROYAL WELSH FUSILIERS	4	BRON HAUL

*Enwau'r brodyr o Fron Haul yn Eglwys Llanbedrycennin –
goroesodd y pedwar y rhyfel er iddynt i gyd ymuno â'r fyddin
yn 1914, ond bu farw Joseph o'i anafiadau yn 1919*

ddiwedd y rhyfel. Er bod y milwr ifanc yn cysuro'i hun ei fod yn rhyfela dros achos cyfiawn yn y penillion hyn, mae llawer rhwng y llinellau hefyd.

LETTER FROM THE FRONT – Mr Hugh Edwards, Fron, has received a letter from his son who is at the front. He congratulated his parents on the fact that they had four sons with the colours, saying 'I consider it the finest thing out to defend your King and country, even if it costs you your life. I do not expect that Bob, Joe or Willie will have to come out, for I do not think that it will last for long, for we are killing them by the thousands now.' He very much appreciates the letters he gets from his relatives and friends.

> Er llymed awch y bidog
> Ymladdaf dros fy ngwlad
> A'm goreu yn yr ymdrech
> Dros nodded mam a thad,
> Os beddrod sy'n fy aros
> Mewn pell estronol dir,
> Balch gennyf fod yn filwr
> Er marw 'dros y gwir'.

Bydd arnaf hiraeth weithiau
Am ddedwydd amser gynt
Pan rodiwn tua chartref
Yn hapus ar fy hynt.
Dychmygaf weld yr aelwyd
Fu'n nodded i mi'n hir
Ar hon y dysgais farw
Os angen, 'dros y gwir'.

Wel ffarwel riaint anwyl
Mi glywaf gorn y gad
Yn erfyn am fy ngoreu
Dros dduwiol fam a thad;
Os digwydd i mi syrthio
O, peidiwch wylo'n hir
Anrhydedd ydyw marw
Yn filwr 'dros y gwir'.

Driver H. T. Edwards 12363
Section 5AC and Division – Mai 1915

Wedi i flynyddoedd fynd heibio, edrychodd yr un milwr yn ôl ar ei brofiadau yn y brwydrau a'u gweld mewn golau gwahanol iawn. Tyfodd chwedloniaeth ryfel am yr ysbrydion yr oedd rhai wedi'u gweld ar faes y gad ym Mons wedi'r brwydro yno yn niwedd 1914 – drychiolaethau o filwyr a laddwyd oeddent ar lafar gwlad a chawsant eu galw'n 'angylion Mons'. Defnyddiodd Huw T. Edwards y goel honno i dalu teyrnged i 'angel' o gyfaill iddo – bachgen o Lanllechid – a laddwyd wrth ei ochr ym mrwydr Mons (cafodd ei chyhoeddi yn ei gasgliad *Tros f'Ysgwydd* yn 1959). Mae naws cwbl wahanol i'r drioled hon o'i chymharu â'r penillion a yrrodd Huw adref yn ystod blynyddoedd cynnar yr ymladd. Mae'n sicr bod dylanwad barddoniaeth ddiweddarach am wastraff a ffolineb rhyfel wedi treiddio i'w eiriau yntau erbyn hynny iddo fedru creu darlun mor gignoeth: ni welsai'r angylion chwedlonol, meddai, ond gwelsai 'angel' yn ei amdo – 'Yr un y bûm yn casglu'i gnawd.'

Ym Mawrth 1918, clywn fod Huw T. Edwards wedi'i glwyfo'n bur ddrwg ac wedi cael dychwelyd adref. Arbedwyd ei fywyd, fel bywydau ei dri brawd ond yn Ionawr 1919 cyhoeddodd y penillion hyn i gofio am y colledion sy'n ei wynebu'n ddyddiol yn y Ro-wen. Cafwyd penillion yn ailadrodd propaganda'r dydd gan Huw cyn hyn, ond yn y gerdd fach hon mae'n datgelu'i galon ei hun. Mae'r enwau personol a'r enwau cartrefi mor bwysig yn y penillion hyn, ac yn eu clymu gyda rhai o'r cerddi cynharaf a gyfansoddwyd yn y Gymraeg. Nid hyn a hyn o niferoedd a gollwyd yn y rhyfel, ond 'bechgyn anwyl' y mae hiraeth dwys ar eu holau.

Er Cof
am y Bechgyn anwyl a gollasant eu bywydau
yn y Rhyfel o ardal Ro Wen

Hiraeth sydd yn llanw'm calon
Pan yn dychwel ar fy nhro
I fy ardal enedigol,
Sef hen bentref bach y Ro.

Hiraeth am fy hen gyfeillion,
Rhai sydd nawr tu draw i'r llen;
Wedi ymfoddloni i farw
Er amddiffyn Gwalia Wen.

John y Rhiw, a William, Cottage,
Wedi cwympo yn y gâd;
Ond mae cysur yn ein hiraeth –
Buont farw dros eu gwlad.

Criw o filwyr yn India – Ifor Bodawen yw'r trydydd o'r chwith
yn y rhes gefn

John Elias, yntau, hefyd,
Gafodd fedd mewn estron fan,
Carwn ddweyd wrth ben ei feddrod,
'Anrhydeddus, gwnest dy ran.'

Cyfaill arall, Evan Thomas,
Ei yrfa yntau sydd ar ben,
Ni anghofir byth mohono
Un o ddewrion Cymru Wen.

Signaller Hugh T. Edwards, Fron-Haul

Meibion yr Ap

Yng nghanol ei ofalon am deuluoedd eraill y pentref sydd
gyda'u meibion yn y fyddin, yn ogystal â chydymdeimlo â
cholledion teuluoedd o ardaloedd cyfagos, roedd gan Ioan
ap Ioan ddau fab mewn 'brethyn llwyd' ei hun. Yn aml,
roedd yn cyfeirio atynt yn ysgafn fel 'Meibion yr Ap'.

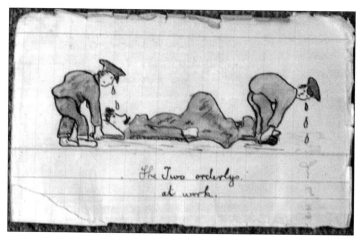

The Two orderlys.
at work.

Llun o lyfr nodiadau Ifor

Clywyd am anafiadau'r mab hynaf John yn Ffrainc yn ystod 1916. Erbyn 1917 mae'r ail fab, Ifor, wedi'i anafu yn India:

GAIR O BELL – Derbyniodd Ioan ap Ioan air oddi wrth Ifor, ei fab, yn hysbysu ei fod mewn ysbyty ar derfynau India. Ymddengys mai hinsawdd y lle yw y rheswm ei fod yn cwyno. Mae dau neu dri o Gymry eraill i mewn, ac awgrymir y cant eu symud yn ol wedi y cant ymadael â'r anhwylder. Llonwyd ysbryd Ifor yn fawr ar dderbyniad llythyr gan Mr Jones, Henryd a Roewen.

Y mis canlynol, casglwn for cariad Ifor wedi derbyn llythyr oddi wrtho ac mae rhywbeth yn drist o ddigri yn y cofnod am golli buwch ar ôl y newydd hwnnw:

Derbyniodd Miss M. A. Hughes, Gatehouse lythyr oddi wrth Mr Ifor Jones, mab Ap Ioan. Da gennym ei fod yn well a hyderwn y caiff ddod yn ôl i'w hen wlad.

Cerdyn rhyddhau Ifor o'r fyddin

COLLED – Blin gennym gofnodi i deulu trallodus Caefadog Farm golli buwch ragorol ddiwedd yr wythnos.   – Mai 1917

Dim gair gan y ddau fab am fisoedd ar ôl hynny. Ni allwn ond dychmygu'r gofid ar aelwyd y gohebydd. Ond yna:

MEIBION YR AP – Wedi hir ddistawrwydd, cafwyd gair oddi wrth John ac Ifor, un o'r ysbyty, Liverpool, gan John. Sonia am ei ryddhad oherwydd y ddamwain fawr i'r fraich. Mewn ysbyty mae Ifor wedi bod hefyd, ond hysbysir ei fod a'i wyneb tua chartref, a diolch am y newydd da a'u cael yn ol yn fyw. – Awst 1917

Bythefnos yn ddiweddarach, y newydd da i'w rieni oedd bod Ifor yn cael ei ryddhau o'r fyddin, i ddychwelyd adref yn barhaol. Dim ond un pennill oedd y newyddion o'r Ro-wen yr wythnos honno, ac yn naturiol roedd meddwl yr awdur yn troi at ddiogelwch John, y mab hynaf, oedd yn dal yn ffosydd Ffrainc.

Mae Ifor Jones, Bod Awen,
Yng ngafael ei ryddhad,
Mae hwn yn newydd llawen
Am un o blant y wlad;
Hyderwn y cawn hefyd
Gyhoeddi ffaith fel hon
Am Gymro o'r un aelwyd –
Ei enw ef yw John.

Y newydd drwg oedd yn gyfochrog â'r newydd da wrth gwrs oedd bod Ifor yn rhy wael i barhau â dyletswyddau'r milwr.

IFOR YN EI WLAD EI HUN – Cafodd Ifor bapur ei ryddhad ddiwedd yr wythnos, a thystiolaeth y penaethiaid wrtho am ei waith fel milwr dewr a sobr. Hyderwn y daw ei iechyd yn iawn eto. – Medi 1917

Ofer fu'r gobeithio ac yn drist iawn, bu farw Ifor, mab bardd bechgyn y pentref i gyd:

MARW'N IEUANC – Wedi cystudd caled, bu farw un o'r cymeriadau mwyaf serchog yn ein pentref, sef Mr Ifor Jones, Bodawen, mab 'Ioan ap Ioan'. Gorffwys yn mynwent Llangelynin. Cafodd angladd parchus. Bu'n filwr am amser hir, a gwyddai beth oedd bod mewn lleoedd geirwon. 'Hedd i'w lwch' anwyl – HOFF O HONO. – Mai 1919

Dyma'r cofnod yn nyddiaduron Y Parch. O. Gaianydd Williams: '12 Ebrill 1919, Marwolaeth Ifor Jones, Groesffordd. 21ain 10 mis. Collodd ei iechyd yn y fyddin. Bu farw tua 10 y bora.'
A dyma eiriau'i dad amdano:

IFOR JONES, BOD AWEN
(Mab Ioan ap Ioan, Roewen)

Cyflwynaf frwd adgofion
Ar allor awen fwyn,
Yn ebyrth cywir ddigon
I gynrychioli'n cwyn
Am Ifor lân ei fywyd
Y daeth ei oes i ben.
Yn ngwawr ei yrfa ddiwyd
O'i gartref yn Roewen.

Ioan ap Ioan
– y bardd gwlad a thad Ifor

Yr un yw y dystiolaeth
Am Ifor, lencyn mad,
Fod iddo etifeddiaeth
O fewn y nefol wlad;
Am hynny ceisiwn gysgod
I ddioddef tan y loes,
Mae'n rhaid i'r diwedd ddyfod,
Yw hanes pawb – pob oes.

Yn filwr dewr bu Ifor
Yn bell o'i wlad ei hun,
Nis gallai wneuthur rhagor
Na'i ran fel Cymro cûn;
Yn ddistaw gwnaeth ei oreu
A phery ei goffhad
Yn anwyl mewn mynwesau
Hiraethus yn y wlad.

Ei dad, Mai 1919

Wedi misoedd o ofal, roedd yn rhaid i Ioan ap Ioan fyw
gyda'i alar. Cyn hir, clywn nad yw'r bardd gwlad ei hun yn

dda ei iechyd. Cawn ddarlun hoffus ohono, a golwg ar y math o gymeriad llawen oedd yn y pwtyn hwn:

GWAELEDD – Drwg gennym nad yw iechyd yr hen 'Ab Ioan' yn dda o lawer; mae baich blinderon yn drwm i bawb, ac yn arbennig i rhai dipyn yn hwyliog pan yn ei cynefin iechyd. – Gorff. 1919

Cynhaliwyd swper croesawu a chwaraeon y pentref yr haf hwnnw a dyma'r cofnodion yn nyddiadur y gweinidog:

25 Ebrill 1919 – Swper croesawu'r milwyr yn ôl. Gwledd gampus. Parch J. R. Jones Henryd yn bresennol. Mr Walter Lloyd hefo'r Gramaphone. J. W. Jones yn canu. 17 o fechgyn yn bresennol.

24 Mai 1919 – Empire Day – Llandudno. Ni welais arwydd o'r Ymerodraeth heddyw.

19 Gorff 1919 – Dydd Dathlu Heddwch
Ymrysonau yng nghae Bibby. Te a swper yn yr ysgol. Tân gwyllt uwch Gilfach. Y wlad yn oleu gan danau.

Yr wythnos ganlynol, mynnodd rhywun ychwanegu'r frawddeg hon yn y Gymraeg yng ngholofn y Ro-wen. Roedd mab hynaf Bodawen yn iach fel cneuen ac yn llawn campau. Boed hynny'n gysur i'w dad, efallai:

BODAWEN AR Y BLAEN – Efe oedd arwr y cae dydd yr wyl. Enillodd y prif wobrwyon.

Mae dyddiaduron y gweinidog yn cyfleu ochr arall y geiniog:

Lewis Owen, Llican

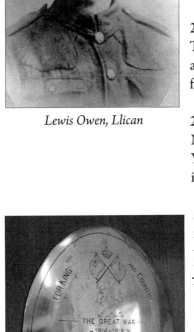

10 Ionawr 1919 – William Owen, Llican yn galw – wedi cael gair digalon o'r Red Cross, heb ddim gobaith am Pt Lewis Owen, eu mab. Ond daliant i gredu o hyd ei fod yn fyw. Llythyr rhyw fachgen o Ben y Groes yn eu dallu.

28 Mawrth 1919 – Marw Joseph Thomas Fron Haul. Bu filwr am amser – amharwyd ei iechyd yn y fyddin.

20 Awst 1920 – Chwarae croci yn Nhrefriw. Dyna newid y mae'r byd. Y mae hiraeth ar bob croesffordd iddo.

5 Chwef 1926 – Dadorchuddio rhestr enwau y milwyr a gollwyd yn y Rhyfel Mawr yn yr Hut. J. W. Jones yn canu.
Yr enwau ar y gofeb yn Neuadd Goffa'r Ro-wen yw:

Edgar Hughes, Ty'r Ysgol
Roedd yn fab i'r ysgolfeistr
D. A. Hughes a oedd yn enedigol
o Lanymddyfri, Sir Gaerfyrddin.

John Jones, Rhiw
Crydd ifanc.

Ifor Jones, Groesffordd
Ganed 1898, yn fab i'r teiliwr John W. Jones, oedd hefyd
yn ohebydd a bardd gwlad.

William Jones, Pen Parc
Mab John Jones, rybelwr yn y chwarel.

Lewis Owen, Llican
Mab fferm.

William Roberts, Cottage
Ganed 1888, labrwr a mab i labrwr. Roedd ganddo frawd
iau Llewelyn (g. 1892) a thair chwaer.

Evan Thomas, Mount Pleasant
Roedd ganddo frawd iau, Richard (g. 1895)
a oedd yn was ffarm.

John Elias Williams, Manchester House
Ganed 1896 yn fab i saer arall yn y pentref.

Yr enw coll

Dywed Glenys Davies, wyres Ioan ap Ioan sy'n byw ym Manceinion bellach, 'Adeg trist oedd y blynyddoedd yn dilyn y rhyfel gan iddynt golli mab a merch. Bu i ddau fab fynd i'r fyddin, sef Ifor i Dde Affrica a John y mab hynaf i Ffrainc. Hefyd eu merch Elinor, a aeth i Fanceinion i ffatri arfau rhyfel. Cafodd salwch drwy wneud y gwaith a bu farw a'i chladdu ym Manceinion yn 23ain oed. Bu i Ifor gael ei anfon yn ôl i'r wlad yma a bu farw o effaith y rhyfel ar ei iechyd.'

Elinor

Un o'r posteri recriwtio merched

Collodd teulu Bodawen ddau blentyn oherwydd yr ymladd felly – ond nid yw'r merched a gollwyd yn rhan o ffigyrau 'swyddogol' cost y rhyfel. Nid yw'n cael ei henwi ar restr colledion y rhyfel ym mhentref y Rowen. Ni chyhoeddwyd penillion coffa iddi chwaith.

Un o ferched y 'miwnishons' oedd Elinor. Roedd prinder mawr o sieliau i'w tanio at yr Almaenwyr a'r Twrciaid yn 1915 a gwnaed Lloyd George yn 'Weinidog Miwnishons' a chyfeiriwyd yr holl economi i ddarparu ar gyfer y gynnau mawr ac anghenion eraill y fyddin. Gwirfoddoli a wnâi'r merched, ond roedd pwysau recriwtio trwm arnynt – 'er mwyn rhyddhau'r dynion' i wneud gwaith gwerth chweil yn y ffosydd blaen.

Yn aml, doedd y lleoliadau ddim yn addas na'r

Criw o ferched y 'miwnishons' mewn ffatri sieliau

162

diogelwch yn safonol ar gyfer delio â ffrwydron peryglus. Bu sawl ffrwydrad mewn ffatri – fel yr un yn Silvertown (West Ham) yn Ionawr 1917 a laddodd 73 ac anafu 400 o weithwyr – y mwyafrif ohonynt yn ferched. Erbyn diwedd y rhyfel, roedd bron i filiwn o ferched yn gweithio mewn ffatrïoedd miwnishons ac er mai nhw oedd 80% o'r gweithlu hwn, ac er bod y tâl yn 'dda' o'i gymharu â thâl milwr (derbynient tua £3 yr wythnos), ar gyfartaledd caent lai na hanner cyflog y dynion oedd yn y ffatrïoedd.

Roeddent yn gweithio gyda chemegau eithriadol o beryglus ac mae lluniau'n dangos eu bod yn eu trafod gyda dwylo noeth a heb fasgiau. Roedd gormod o gysylltiad â TNT ac asid picric yn troi crwyn y merched yn felyn, a'r enw poblogaidd arnynt oedd y *'canary girls'*. Câi effaith ar system imiwnedd y corff yn ogystal, ac roeddent yn dioddef gan ddiffyg ar yr iau, diffyg ffrwythlondeb ac anaemia. Bu farw 400 o weithwyr miwnishons o dan effaith gwenwyn cemegol – un ohonynt oedd Elinor o'r Ro-wen, merch bardd gwlad y pentref a chwaer un o'r beirdd ffosydd.

'Wedi mynd i ffwrdd ...'

Scrifer an Mor: Bardd Cernyweg y Rhyfel Mawr

Tim Saunders

Wedi mynd i ffwrdd. Tybed a oedd Robert Walling wedi syrthio, fel Kalloc'h, yn arwain ei Gernywiaid ar faes y gad?' Mae'r nodyn yn nyddiadur Taldir (Fanch Jaffrennou, 1879-1956), Derwydd Mawr cyntaf Llydaw, yn dyddio o'r flwyddyn 1917. Mab i hen ffrind iddo, y newyddiadurwr R. A. J. Walling (1869-1949) oedd Robert, a chawsai Taldir ddychryn pan ddychwelwyd ei lythyr at y gŵr ifanc gyda'r nodyn swta uchod. Yn nhrydedd flwyddyn y gyflafan, digon naturiol oedd i Taldir ofni'r gwaethaf.

Bron drigain mlynedd yn ddiweddarach, roeddwn innau bellach ar drywydd Robert. Roeddwn ar ganol gwaith ymchwil ar hanes barddoniaeth Gernyweg fodern, ymchwil a esgorodd maes o law ar y flodeugerdd *The Wheel*. Gwyddwn fod y Gernyweg wedi peidio â bod yn iaith gymdogaeth yn ystod y 18fed ganrif, a phrin fod hanner dwsin o gerddi Cernyweg ar glawr a chadw o'r 19eg ganrif. Gwyddwn fod pobl wedi ailgydio yn yr iaith tua diwedd y ganrif honno, ac roeddwn wedi darllen nifer o gerddi a chaneuon digon derbyniol o droad y ganrif. Ond roedd bwlch

Mwyngloddwyr yn ardal St Ives, 1866 – arweiniodd y dirwasgiad yn y diwydiant plwm at ymfudo o Gernyw a dirywiad yn y niferoedd a siaradai Gernyweg.

rhwng tua 1910 a'r dau ddegau cynnar. Wedi i mi ddod ar draws cyfeiriad at Robert Walling o'r tri degau, gwyddwn fod rhaid i mi ddilyn ei drywydd.

Bu hi'n hirlwm caled ar y Gernyweg am ryw chwech neu saith o genedlaethau. Iaith teuluoedd ac unigolion gwasgaredig oedd hi erbyn i beirianwyr Cernyw beri i'r cerbydau ager cyntaf symud. Cadwai ambell deulu draddodiad llafar tenau iawn yn fyw. Gorweddai llawysgrifau yma ac acw yn hel llwch, y tu allan i Gernyw gan mwyaf. (Enghraifft dda o hyn yw'r ddrama fydryddol *Beunans Ke* ('Buchedd Cai'), a frigodd i'r wyneb yn y Llyfrgell Genedlaethol tua dechrau ein canrif ni mewn amgylchiadau nas esboniwyd mor glir â hynny.) Cernyweg yw mwyafrif yr enwau lleoedd, ac roedd nifer o eiriau – termau mwyngloddio a morwriaeth yn aml – wedi goroesi ar dafod leferydd. O ran cyfansoddi, ceid ambell i rigwm llafar, ac ambell i gerdd achlysur, a dim mwy tan ddiwedd y 19eg ganrif.

Dyna pryd y llwyddodd Henry Jenner (Gwas Myghal, 1848-1934) i asio'r traddodiadau llafar a llawysgrifol â'i gilydd drachefn. Er iddo gael ei eni

Henry Jenner yng ngwisg gorseddol Cernyw – tad dadeni'r Gernyweg fodern

ym Mlwyddyn y Chwyldroadau, gwrthwynebai bob tuedd at ddemocratiaeth a chydraddoldeb. Roedd yn gas ganddo fudiad cenedlaethol yr Eidal, er enghraifft, ar adeg pan oedd Giuseppe Garibaldi yn arwr i werin Cernyw ac yn cael lloches yno o dro i dro. Roedd cangen o deulu Jenner yn byw yng Nghastell y Wenfô, ac mae ambell gae pêl-droed a stryd ym Mro Morgannwg yn dwyn enw'r teulu hyd heddiw. Roedd

Jenner yn adnabod ysgolheigion, clerigion, a phobl o uchel dras yn yr Alban, Cymru, Lloegr, Llydaw, Ffrainc, Bafaria a gwledydd eraill, a theithiai'r cyfandir yn helaeth. Pan fynychodd Eisteddfod Genedlaethol 1899 yng Nghaerdydd, yr un pryd â Taldir a Padraig Mac Piarais, roedd newydd gymryd rhan mewn cynllwyn aflwyddiannus i ail-osod hen deulu brenhinol Sbaen ar yr orsedd.

O ran ei alwedigaeth, gweithiai Jenner yn Adran Lawysgrifau'r Amgueddfa Brydeinig, lle darganfu'r gerdd serch hynaf yn y Gernyweg , *Dyysykyn te goweth* ('Tyred i lawr, gyfaill') ar gefn siarter. Cernyw oedd gwlad ddiwydiannol gyntaf y byd – a'r wlad ôl-ddiwydiannol gyntaf hefyd o ran hynny. Roedd Cernyw yng nghyfnod Jenner yn gynnyrch y Chwyldro Diwydiannol a'r Diwygiad Methodistaidd, dau symudiad a ffieiddiai Jenner â'i holl enaid. Fe wyddom drwy'i ohebiaeth ac o ffynonellau eraill fod ei wladgarwch wedi'i gymylu gan y ffaith fod mwyafrif ei gyd-wladwyr yn Fethodistiaid (troes Jenner yn Babydd yn y diwedd) ac yn Rhyddfrydwyr rhonc. Iddo ef, roedd hinsawdd ddiwylliannol gyfoes Cernyw yn wrthun. Mae hyn i'w gweld yn amlwg yn ei gerddi, sy'n llawn o seintiau Celtaidd, Arthur a'i farchogion, a gweledigaethau'r môr a'r mynydd drwy ryw niwl arallfydol. Dyna'r stamp a roes ef ar yr Adfywiad Cernyweg, stamp a gyfyngodd ar ei apêl am flynyddoedd lawer.

Er gwaethaf hyn fe fu Jenner yn ddigon diwyd yn torri'i gŵys ei hun. Bu'n dilyn y Cyngresau Celtaidd cynnar yn eithaf selog, a llwyddodd i argyhoeddi'r aelodau eraill fod Cernyw yn teilyngu'i derbyn ymlith y cenhedloedd Celtaidd. Yn sgîl hyn i gyd, fe bwysai nifer o bobl arno i rannu'i ddysg ag eraill ac i lunio gwerslyfr Cernyweg. Bu wrthi am sawl blwyddyn yn gweithio ar y gyfrol, ac fe welodd *Handbook of the Cornish Language* olau dydd o'r diwedd yn 1904. Dyma'r llyfr a ystyrir yn fan cychwyn yr Adfywiad

Cernyweg modern. Saif datganiad agoriadol Jenner yn fath o arwyddair i lawer o bobl hyd heddiw: *Pam y dylai Cernywiaid ddysgu Cernyweg? Am mai Cernywiaid ydynt.* Mae'r llyfr yn gymysgedd ryfeddaf o ysgolheictod ddilychwin, ideoleg hiliol, a difyrrwch amrywiol. Yn ogystal â chrynodeb o gerdd dafod, er enghraifft, mae'n cynnwys pennod ar sut i regi a melltithio yn y Gernyweg. Dyma un o'r llyfrau mwyaf dylanwadol yn hanes yr iaith, ac sydd wedi dod â hi i sylw pobl ar draws y byd. (Mae gennyf le i amau taw'r *Handbook* oedd ffynhonnell Jack Kerouac ar gyfer yr elfennau Cernywaidd honedig yn hanes ei deulu ef.)

Ailargraffiad o gyfrol werthfawr Henry Jenner

Os Jenner oedd Karl Marx neu Tom Ellis yr Adfywiad Cernyweg, ei Lenin neu'i Lloyd George oedd Mordon (Robert Morton Nance, 1873-1959), a lwyddodd i greu mudiad diwylliannol dipyn yn lletach ei apêl. Yn frodor o Gaerdydd, lle roedd ei dad yn asiant glofeydd, ymwelai'n aml â pherthnasau'i fam oherwydd anghydfodau ysbeidiol rhwng ei rieni. Bu'n mynychu ysgol gelf Syr Hubert Herkomer (1849-1914) ger Bushey, Swydd Hertford – oedd hefyd yn gartref i Jenner tan i hwnnw ddychwelyd i Gernyw. Roedd von Herkomer, a hanai o deulu o Fafaria, yn ffrind i'r arlunydd Charles William Mansel Lewis (1845-1931), Castell y Strade, ac ef a ddyluniodd wisgoedd a thlysau Gorsedd y Beirdd. Dychwelodd Mordon i Gernyw, fel Jenner yntau, a bu'r cyfeillgarwch rhyngddynt yn debyg i

berthynas tad a mab. Yn gynnar yn y dau ddegau, roedd
Mordon wedi dechrau trefnu Ffederasiwn Cymdeithasau
Hen Gernyw, a goleddai draddodiadau ac arferion gwerin
Cernyw, gan ennill cynulleidfa ehangach a mwy poblogaidd.
Llwyddodd Mordon i wireddu breuddwyd Jenner o sefydlu
Gorsedd i Gernyw, gan wahodd yr Archdderwydd Pedrog i
gynnal y seremoni agoriadol yn 1929. Bu'r grŵp
gwleidyddol cyntaf, *Tir ha Tavas* (Gwlad a Iaith) yn
gweithredu yn ystod y tri degau, a sefydlwyd *Mebyon Kernow*
yn 1951. Yn y cyfamser, roedd barddoniaeth wedi ehangu ac
ymgyfoethogi, ac erbyn marw Mordon roedd naws ein llên
wedi newid yn gyfan gwbl. Erys y dystiolaeth yn brin ac yn
fylchog hyd heddiw, ond roeddwn i'n benderfynol o ddilyn
y trywydd.

Ni chredaf am eiliad i mi wneud mwy na chrafu'r wyneb,
ac erys gwaith sylweddol i'w wneud o hyd. Ond, drwy
drugaredd, roedd tair ffynhonnell werthfawr ar gael yn
Aberystwyth ar y pryd. Rhediad cyfan o'r cylchgrawn
Kernow (1934-36) oedd un, yn Llyfrgell y Coleg. Dyna lle
gwelais gerdd fach o eiddo Robert Walling am y tro cyntaf.
Papurau Taldir oedd yr ail, lle gwelais gopi o'r gerdd wedi'i
dorri allan o'r *Western Daily Mercury*. A'r drydedd oedd yr
ysgolhaig a'r cenedlaetholwr Chris Bice (1937-1976), oedd
wedi penderfynu manteisio ar fwlch yn ei yrfa er mwyn dod
i Aberystwyth ac ehangu'i ddealltwriaeth o ddiwylliannau'r
pobloedd Celtaidd y tu allan i Gernyw. Gyda'i gymorth ef y
llwyddais i gael hyd i Robert Walling, yn byw'n dawel gyda'i
wraig mewn pentref diarffordd.

Un arall o ddarllenwyr cynnar yr *Handbook* oedd tad
Robert, R. A. J. Walling, golygydd y *Western Daily Mercury*,
un o bapurau Aberplym. (Mae rôl gwasg Aberplym yng
Nghernyw yn ddigon tebyg i ddylanwad gwasg Lerpwl ar
draws gogledd y wlad hon.) Treuliai Walling a'i deulu amser
helaeth yn ymweld â pherthnasau yng Nghernyw, ac

roeddent yn adnabod Taldir hefyd ac yn ymweld â Llydaw o dro i dro. Gan nad oedd y *Cowethas Kelto-Kernuak* a ffurfiwyd yn sgîl cyhoeddi'r *Handbook* wedi goroesi'n hir iawn, gwaith unig iawn a gâi rhai fel ei fab Robert, a aned yn 1895, wrth ddysgu'r iaith. Dechreuodd ymddiddori yn y Gymraeg hefyd, a bu'n tanysgrifio i'r *Cymru Coch*. Etifeddodd inc yn ei waed, ac erbyn 1912 roedd yn gyw-ohebydd ar y *Western Daily Mercury*. Fel nifer o wŷr ifanc ei gyfnod, câi'i gorddi gan yr holl sôn am ryfel, ac ymrestrodd gyda'r Fyddin Diriogaethol fel aelod o'r Magnelwyr Garsiwn Brenhinol. Yn ystod wythnosau argyfyngus haf 1914, bu'n mynd â'i lifrai a'i offer i mewn i'r gwaith nes i'r alwad gyrraedd un diwrnod am iddo fynd at ei uned yn ddi-oed. Fe wyddom o wasg y cyfnod ac o waith awduron cyfoes megis Syr Arthur Quiller Couchir (1863-1944) gymaint o frwydr oedd hi i bobl y cyfnod benderfynu beth oedd yr ymateb cywir i'r rhyfel. Er nad oedd cwestiwn parthed teyrngarwch i'r Goron, i lawer o wŷr ifanc o fagwraeth Fethodistaidd roedd union ergyd y geiriau 'Na ladd' yn hollol ddiamwys.

Fel y bydd yn amlwg erbyn hyn, fe ddaeth Robert drwy'r gyflafan yn fyw. Do, fe fu'i fywyd mewn perygl droeon, a gwelodd golli llawer o ffrindiau. A do, llithrodd llawer o'i eiddo personol o'i feddiant yn ystod misoedd y drin. Fel miliynau o bobl ifanc ar draws y byd, roedd Robert wedi gollwng ochenaid o ryddhad pan gyhoeddwyd y Cadoediad, a bwrw ati i greu bywyd newydd. Bu'n arfer ei grefft fel newyddiadurwr yn yr India ac Unol Daleithiau America, a chafodd ei ethol yn un o swyddogion Sefydliad y Newyddiadurwyr. Bu'n gweithio'n helaeth ym maes materion morwrol, a dyna pam y dewisodd ef yr enw *Scrifer an Mor* 'Awdur y Môr' pan gafodd ei wahodd i ymaelodi â Gorsedd Cernyw. Priodi wedyn, magu teulu, ail-afael mewn dyletswyddau milwrol yn yr Ail Ryfel Byd, ac ymddeol yn y pen draw: ychydig cyn ei farw, bu Robert Walling mor garedig â'm croesawu ac i adrodd hanes ei fywyd anturus wrthyf.

Gŵr hynaws ydoedd, yn dal, ac yn ddigon egnïol er gwaetha'i oedran. Teimlai angen – angen cwbl ddi-sail, wrth reswm – i ymddiheuro fod y rhan fwyaf o'r hyn a ysgrifenasai yn y Gernyweg wedi mynd ar goll yn ystod blynyddoedd y Rhyfel Mawr, a'r degawdau maith a'i dilynodd. Ond, drwy drugaredd, roedd un trysor yn arbennig wedi goroesi. Fel llawer o filwyr, roedd Robert wedi treulio amser mewn ysbytai milwrol yn sgil anafiadau a salwch. Wrth ddadebru, roedd ef wedi creu cylchgrawn llawysgrifol, gyda lluniau bach hyfryd o'i waith ei hun mewn pastel. *An Houlsedhas* oedd y teitl, sy'n gallu golygu 'Y Machlud', neu 'Y Gorllewin'. Tri chopi yn unig oedd ar glawr a chadw, pob un ohonynt yn cynnwys detholiad o'r llenyddiaeth Gernyweg glasurol, o bytiau ar hanes a diwylliant Cernyw, ac ar faterion cyfoes. Mae un rhifyn, er enghraifft, o *An Houlsedhas* yn cynnwys erthygl ar y tanciau cyntaf – o bosibl ymhlith yr ysgrifau cynharaf mewn unrhyw iaith Geltaidd ar gerbydau ymladd arfog. Roedd yno fyfyrion dwys hefyd ar hynt a helynt y rhyfel. Ceir awgrym – a mwy nag awgrym – o amheuaeth parthed amcanion y rhyfel. Ond, yn y diwedd, roedd Robert wedi tyngu llw i wasanaethu, ac ni chaniatâi anrhydedd personol, nac anrhydedd ei wlad, iddo wneud dim ond parhau i wasanaethu.

Er gwaethaf erchylltra'r profiadau a ddisgrifiai Robert Walling, pleser pur oedd yr amser a dreuliais yn ei gwmni. Roedd yn dwlu ar adrodd stori, ac roedd ei wraig wrth ei bodd yn porthi â rhyw sylwadau ffraeth a bachog. Gresyn i mi fethu â chwrdd ag ef yn gynharach. Braint arbennig oedd cael gweld llawysgrif yr unig un o'i gerddi a oroesodd y rhyfel, gyda'i ragflas o'r blodeuo ar farddoniaeth a ddeuai ymhen blynyddoedd:

War Lerch an Bresel iv
Gwel yw'n broniow heb an huelbren,
Gwel yw'n awel heb an gwez,
Gwel es clowans cledh po omladh
Yw coseledh en an lez.
Gwrenz an kostennow a dewder
A-uch da gregi war an gwâl,
Bedhes gortos cledh en e wain,
Tawes e dhur rudh ha dâl.

Gwell yw'r bryniau heb goelcerth,
Gwell yw'r awel heb y waedd,
Gwell na chlywed cledd neu ymladd
Yw tawelwch yn y llys.
Gadawer y tarianau trwchus
I hongian fry ar y welydd,
Arhosed y cleddyf yn ei wain,
Tawed ei ddur coch a dall.

Y Milwyr Cymraeg a'u Canu

Llifon Jones

Drwy gydol y Rhyfel Mawr, roedd canu a chyd-ganu yn amlwg iawn gartref ac yn y ffosydd i'r rhan fwyaf o'r gwledydd oedd yn rhan o'r ymladd. Roedd piano, neu offeryn o ryw fath, ar y rhan fwyaf o aelwydydd, gydag o leiaf un aelod o'r teulu yn medru ei chwarae, ac felly roedd hyn yn ffurf o adloniant ac yn ffordd o gymdeithasu. Ac wrth gwrs, roedd canu defosiynol yn bwysig iawn yn yr eglwysi gyda'r gymanfa ganu yn ei bri yng Nghymru. Oherwydd poblogrwydd cerddoriaeth, manteisiodd y llywodraethau ar hynny i ysbrydoli pobl a magu balchder a gwladgarwch. Anogwyd cyfansoddwyr a chyhoeddwyr i greu a chyhoeddi caneuon newydd addas. Cyd-ganu yn esgor ar gydymffurfio oedd natur rhai o'r caneuon hyn – ar bob ochr – yn ystod y Rhyfel Byd Cyntaf, tra oedd rhai caneuon propoganda ar

Milwyr Almaenaidd yn dathlu'r Nadolig, 1916

Band Pibau catrawd o Seland Newydd yn y Rhyfel Mawr

gael oedd yn condemnio pobl nad oedd yn dymuno brwydro.

Roedd offerynnau seindorf arian, pibau a drymiau yn rhan annatod o'r ymgyrchoedd recriwtio ac roedd 'Rhyfelgyrch Gwŷr Harlech' yn anthem filwrol ddefnyddiol iawn i'r awdurdodau yng Nghymru. Ar ddechrau'r rhyfel hefyd ceid ganeuon recriwtio mwy sentimental fel '*We Don't Want to Lose You, but We Think You Ought to Go*' yn y theatrau cerdd, ynghyd â chaneuon gwrth-Almaenaidd fel '*When Belgium Put the Kybosh on the Kaiser*'.

Ar y ffryntiau, roedd bandiau gorymdeithio yn cyfeilio i'r minteioedd, roedd milwyr yn cynnal cyngherddau ffurfiol ac anffurfiol yn gyson ac roedd gan bob adran ei fintai adloniant. Yn y cyfnodau hirfaith o aros rhwng brwydrau, roedd caneuon yn chwarae rhan allweddol i ddileu'r diflastod ac i hybu morál. 'Hit' cyntaf y rhyfel os y mynnwch oedd '*It's a Long Way to Tipperary*', gyda'r tenor o Iwerddon John McCormack (1884-1945) yn ei chanu. Daeth yn boblogaidd ymysg milwyr o sawl gwlad ac mae'n hawdd deall pam – mae iddi alaw fywiog ac mae'r geiriau yn llawn

Cysur cân yn y ffosydd

meddyliau melys am gael dychwelyd gartref cyn hir. Roedd caneuon am yr hen fro a'r hen deulu yn niferus ac yn cael eu defnyddio'n helaeth drwy'r rhyfel, yn arbennig 'Keep the Home Fires Burning' a gyfansoddwyd gan y Cymro Ivor Novello (1893-1951). Wrth i'r rhyfel barhau, roedd caneuon siriol am ddal i fod yn llon fel 'Pack Up Your Troubles' yn allweddol i godi ysbryd y milwyr a'r cyhoedd gartref. Roedd y caneuon yn uno pobl drwy eu profiadau lle bynnag yr oeddent. Yn ôl Malcolm Brown a astudiodd y baledi hyn, roedd y math hwn o ganu yn 'form of defiance'.

Does dim dwywaith nad oedd y caneuon yn gymorth i'r milwyr hynny oedd yn y ffosydd. Roedd yn cryfhau brawdgarwch ac yn gymorth iddynt yn eu pryderon. Roedd cerddoriaeth yn medru cael ei addasu, felly roedd melodïau, curiad a dynameg yn medru cael ei newid i siwtio'r neges a'r geiriau. Byddai cyd-ganu yn cryfhau'r ysbryd ac roedd yn cael ei ddefnyddio weithiau fel paratoad ar gyfer ymosodiad.

Ond roedd canu yn medru taro nodyn heddychlon

hefyd. Mae hanesion fyrdd am y cadoediad answyddogol rhwng milwyr o'r ddwy ochr ar hyd 500 milltir y Ffrynt Orllewinol ar ddydd Nadolig 1916. Un nodwedd hynod am yr heddwch hwnnw oedd bod bechgyn y gwahanol wledydd yn canu carolau i'w gilydd – gyda fersiynau gwahanol ieithoedd o 'Dawel Nos' yn amlycach na'r un. Yn gynnar yn y flwyddyn ddilynol, mae *Baner ac Amserau Cymru* yn nodi cadoediad tebyg rhwng milwyr Prydeinig ac Almaenig, gyda chanwr o Gymro yn flaenllaw yn yr hanes:

Wrth gwrs, i lawer o Gymry a oedd yn y ffosydd, canu

EGWYL I GANU AR FAES Y RHYFEL

MILWR CYMREIG YN CANU MEWN GWARCHFFOS.

Gohebydd o dref yn Flanders a ysgrifenai nos Wener yn rhoddi hanes milwr Cymreig o gantwr rhagorol yn un o'r gwarchffosydd Prydeinig. Meddai ar lais tenor swynol, ac un noson clywid ef yn tori allan i ganu yn galonog o'r ffos ddyfrllyd ac oer. Canodd 'Hob y Deri Dando' nes ennill cymmeradwy aeth uchel ei gyd-filwyr, ac hefyd gwaeddid am encôr ar draws o'r gwarchffosydd Germanaidd. Gwneid y cais hwn mewn Saesneg toredig gan y gelynion. Yr ail waith canodd 'Mentra Gwen,' a rhoddwyd iddo gymmeradwyaeth eilwaith gan y Germaniaid. ' A yw Caruso yna gyda chwi?' gwaeddai un o honynt ar draws.

Ar hyn fe sylwid fod y cantwr wedi achosi rhyw fath o gâd-oediad rhwng y pleidiau, o blegid tra y canai nid oedd un ergyd i'w chlywed. Am ennyd, fodd bynag, ymddangosai pawb fel pe wedi anghofio y rhyfel ofnadwy gan wrandaw ar sôn y melodi yn dyrchafu o'r ffos Brydeinig. Gwnaed bargen, ar awgrym y Germaniaid, na byddai iddynt danio ergyd arall hyd doriad y wawr os gwnai y milwr ganu etto. Am y drydedd waith canodd y Cymro 'Hen W'ai fy Nhadau,' nes adsain trwy y wlad.

Yr adroddiad yn y papur newydd, 13 Chwefror 1915

emynau oedd yn rhoi cysur mawr iddynt. Roedd emynau yn
eu hatgoffa o drefn a heddwch ac am gymdeithas y capel a
gwefr y canu pedwar llais a gaed yn yr oedfaon bryd hynny.
Roedd canu yn gyffredinol yn bwysig i'r Cymry, fel y gwelir
yn nofel T. Hughes Jones, *Amser i Ryfel*:

> Cychwynnwyd yn union ar ôl saith, a'r bore yn dywyll
> a chymylog. Cariai pob milwr ei ddryll a'r holl gêr
> arall, – y fidog, y tun bwyd, yr erfyn turio, y pac ar ei
> gefn, a'r got fawr. Cerddai'r fataliwn gyda'i gilydd, a
> phob un o'i phedwar cwmni yn cymryd ei dro i fod ar
> y blaen, a'r band wrth gwrs o flaen y rheini. Nid oedd
> na sirioldeb yn yr awyr na thegwch ar y meysydd, a
> meddyliai Manod mai gwaith undonog iawn oedd
> gwylio cefn y milwr o'i flaen o hyd nes bod pob tipyn
> o'i gêr a'i wisg ar ei gof. Trwy'r cwbl yr oedd yr
> esgidiau mawr yn codi a gostwng, – tyr-amp, tyr-amp,
> – gan ddod â chân Kipling yn fyw iawn i'w feddwl,

> > *Boots, boots, boots,*
> > *Marching up and down again,*
> > *Boots, boots, boots.*

> Nid oedd dim amdani ond ceisio codi hwyl trwy ganu,
> – canu'r hen ganeuon a oedd yn gymeradwy bob amser,

> > *Pack up your troubles in your old kit-bag*
> > *And smile, smile, smile.*

> Yna fel y trymhâi'r daith,

> > *There's a long, long trail a-winding*
> > *Into the land of my dreams,*

> a'i dilyn gan hen faledi teimladwy De America am yr

hen gartref a'r rhosynnau o gylch y drws, a'r hen berthnasau, am Dixie, Swanee, Tennessee, ac Alabama, a phob hyn a hyn y gân honno y credai llawer amdani mai hi oedd anthem genedlaethol Prydain,

AR ORWEL PELL

1914 1918

Atgofion rhyfel
E. Beynon Davies

> *It's a long way to*
> *Tipperary,*
> *It's a long way to go.*

... Tua phedwar o'r gloch cerddodd y milwyr i'r pentref a oedd i'w lletya am y noson, ac wrth fynd i mewn trawodd y band ymdeithgan y gatrawd, 'Codiad yr Ehedydd.'

> *Cân, cân, ehedydd glân,*
> *Nes swyno myrdd â'th seiniau mân,*

a phan glywyd y nodau cyfarwydd daeth gorchymyn i'r fataliwn, a gâi siarad a chario'i drylliau fel y mynnai ar y daith, gerdded yn rheolaidd a phob dryll ar yr ysgwydd, a heb sŵn ond bythol dramp yr esgidiau mawr yn taro'r ddaear gyda'i gilydd. *Left, right, left, right, left ... left ...*

> 'Cân, cân ehedydd glân,' ebe'r nodau, ac ar eu hadenydd daeth atgofion am awyr las ac wybren glir a chân ehedydd, ac uwchlaw popeth obaith am lety clyd i orwedd.

Ffurfiwyd corau ac roedd canu i'w glywed yn y barics, fel y tystia E. Beynon Davies:

> Wedi bod wrthi am oriau'n ymarfer yng ngwres y dydd 'roedd yn braf cael troi'n ôl i'r barics a chlywed yr hogiau'n canu *'Tipperary', 'When I get my civvy clothes on',* a *'Waltzing Matilda'*.

Mae hefyd yn sôn am nosweithiau llawen yr oeddent yn ei gael yn y ffosydd:

> Cawsom aml i noson lawen mewn ysgubor neu yn llety un o'r milwyr. Un noson yn Petit Saens ymunodd gŵr y tŷ a'i briod â ni, a dywedasant fel yr oeddynt wedi mwynhau'r canu emynau a'r canu penillion ... Glyn Andrews a Shankland a ganai'r penillion, a Joe Dunn, aelod o Gôr Meibion Treforus, oed y baswr a ganai'r unawdau ... Dro arall, mewn seler heb do iddi, cawsom Ysgol Gân dan arweiniad Glyn Andrews, a chael hwyl fawr wrth ganu 'Yr Hen Ddarbi', 'Aberystwyth', 'Hyfrydol' a 'Lausanne'.

Yn yr un modd, mae Lewis Valentine yn rhannu ei atgofion ac yn dangos sut roedd canu yn codi'r hwyliau yn *Dyddiadur Milwr*:

> Mynnodd y Major inni ganu alawon ac emynau lleddf, hyd yn oed ar ein gorymdeithiau. Meddyliwch amdano yn galw am ganu 'Dafydd y Garreg Wen' yn uncam â 'Gwŷr Harlech'! ... Cofiaf ddiwrnod hir o *route-march* igam-ogam yn y wlad o Landrindod i Lanbadarn Fawr a Phen-y-bont, a ninnau'n dychwelyd yn lluddedig a newynog. Pan ddaethom i olwg Llandrindod rhoed gorchymyn i ganu, a dyna

ddechrau ar 'Dwy aden colomen pe cawn' ... a'r gobaith am bryd o fwyd swmpus yn melysu'r gân. Ni chlywais byth wedyn ganu hafal i hwn ar yr hen emyn annwyl ...

Mae hefyd yn cofnodi digwyddiad arbennig pan yr oedd yn pregethu i filwyr yn y ffosydd, ac er ei fod wedi dyfynnu emynau Cymraeg, roedd pawb fel petaent yn eu deall. Roedd fel nad oedd dim gagendor rhyngddynt:

> Yr oedd y capel yn orlawn, minnau'n gryndod i gyd, ac wedi dewis pregethu ar Grist yn golchi traed ei ddisgyblion. Bûm ehud yn ymddiried i rwyddineb fy Saesneg, a daeth yn nos arnaf fwy nag unwaith, a chrefais innau gydymdeimlad y gynulleidfa a mynnu mai dim ond trwy ddyfynnu emyn Cymraeg y gallwn fynegi fy meddwl yn gymwys. Ar ôl yr oedfa gofynnodd amryw i mi am gyfieithiad *'of those beautiful Welsh hymns'*. 'O fryniau Caersalem' oedd un ... a 'Bydd myrdd o ryfeddodau' oedd un arall, a 'Cofia'n gwlad, Benllywydd tirion' oedd y trydydd.

Roedd milwyr hefyd yn canu fel ffordd o brotest. Dyma stori gan Dei Bryniog, Melin-y-coed ger Llanrwst am ei dad John Davies, Bryniog Uchaf yn ystod y rhyfel:

> Mi gafodd fy nhad, John Davies, Bryniog a chyfaill iddo, William Parry, Yr Oerfa, eu hel i'r fyddin tua diwedd y Rhyfel Mawr. Dyma sut y bu hi – roedd rhyw feddwyn yn aflonyddu ac yn ymosod ar bobl oedd yn cerdded drwy bentref Melin-y-coed liw nos ac roedd y trigolion wedi dechrau cerdded drwy'r caeau rhag eu bod yn cael eu curo ganddo fo. Roedd 'Nhad a William yn dod adra rhyw noson ac mi

benderfynodd y ddau nad oedd na droi am y caeau i
fod. Mi ddaethon i wyneb y meddwyn ymosodol ac
mi roesan gweir iddofo. Achos llys oedd hi wedyn a
chadeirydd y fainc yn penderfynu, 'Send them to the
Army!' Cyn bo hir, mi gafodd 'Nhad ei hun mewn
camp yn Southampton yn disgwyl cwch i Ffrainc.
Rhyw amser cinio, dyma fo'n clywed canu emyn
Cymraeg mewn rhan o'r cantîn. Dyma fo draw atyn
nhw ac mae'n rhaid bod pob Cymro arall wedi
gwneud run peth. Mi steddon yno yn canu 'Beth sydd
imi yn y byd/Gorthrymderau mawr o hyd' drosodd a
throsodd mewn pedwar llais. Roedd y sarjants a'r
swyddogion erail yn gweiddi arnyn nhw yn hollol
gandryll ac yn cynnig eu colbio, ond doedd dim yn
tycio. Roeddan nhw wedi ymgolli mor llwyr yn y canu
gwefreiddiol, doedd dim byd arall yn medru'u
cyffwrdd nhw.

Roedd canu felly yn medru bod yn gyfrwng i brotest yn
y Rhyfel Mawr. Tra oedd y milwyr Seisnig yn tueddu i ganu
parodïau o emynau Saesneg fel protest, roedd meibion
Cymru yn canu yn Gymraeg fel gwrthryfel yn erbyn y drefn
Seisnig.

Nid dim ond canu emynau a chaneuon yr oedd milwyr
yn y ffosydd. Roedd llawer yn barddoni ac ysgrifennu
penillion hefyd. Yr enwau cyntaf ac amlycaf a ddaw i'r cof yw
beirdd enwog fel Wilfred Owen a Siegfried Sassoon ac yng
Nghymru, Hedd Wyn, Cynan a Dyfnallt. Ond roedd
bechgyn eraill a oedd yn cyfansoddi penillion a baledi at eu
diben eu hunain, gyda llawer yn eu gosod ar alawon gwerin
neu emyn-donau. Roeddent yn eu cadw ar gof yn y ffrynt a
chafodd llawer o'r rhain eu cofnodi ar ôl iddynt ddod adref
ar *leave* – ac felly roeddent yn osgoi'r math o sensoriaeth a
ddigwyddai i adroddiadau papur newydd a llythyron. Roedd

testunau'r milwyr yn tueddu i fod yn debyg iawn waeth pa
wlad bynnag yr oeddent yn hanu ohoni: serch, cyfeillgarwch,
hiliaeth, gwladgarwch, arwriaeth, heddychiaeth, bywyd
milwr, cwyno am y bwyd, clwyfau, hiraeth, natur a marwnad.
Roedd llawer o'r milwyr eisiau dianc o'r llanast, fel y gwelir
yn 'Breuddwyd Milwr' gan Tom Roberts:

> Is tesog haul Hefin,
> Mewn gwlad anghynefin,
> Daeth dwyawr o wylio i ben;
> O afael dyletswydd,
> Mi gerddais yn ebrwydd,
> Am seibiant i gysgod hen bren.

> Roedd awel a blodau
> Yn byw ar ei gangau,
> A chân lanwai'r brigau i gyd;
> A denwyd fi i huno,
> A difyr freuddwyddio –
> Anghofiais gymhelri y byd.

> Mi groesais y moroedd
> I gartre'r mynyddoedd,
> A nentydd bach bywiog y Glyn;
> A chefais fath bleser,
> Yn treulio fy amser,
> Ym mhentref fy mebyd, Gwynfryn.

> Yng nghwmni cyfeillion,
> A'r parau cariadon,
> Y rhodiwn yn rhydd ar fy hynt;
> Hyd lwybrau gwyrddleision
> A phrydferth gopaon,
> Y Steddfod a'r Boncyn fel cynt.

Hen yrdd mawr y chwarel
Adseinient yn uchel,
A'u swn fel peroriaeth i'm clyw;
Ac fel y dyneswn
At lannerch a hoffwn,
Mi glywais orchymyn ein Llyw, –

'Next Relief!' Deffroais,
Fy ngwynfyd a gollais,
A'r breuddwyd ddiflannodd i gyd;
Dryll, bidog, a phylor,
Rhaid gwylio yn rhagor;-
A chofiais drybini byd.

Private Tom Roberts
(Royal Welch Fusiliers), Yr Aifft
Y Brython (3/8/1916)

Ar ganol y breuddwydio, mae gwaedd yr uwch-gapten yn dwyn y milwr yn ôl i realiti bywyd yn y ffosydd. Gwelir ing a phoen y milwyr wrth iddynt gael eu gorfodi i fod yn rhan o'r gyflafan ddisynnwyr. Yn ôl adref hefyd, mae lleisiau cryf yn codi yn erbyn y colledion sy'n cael eu beichio ar y teuluoedd – yn arbennig ar ôl cyflwyno gorfodaeth filwrol yn Ionawr 1916:

Cwyno, cwyno sydd yn gyson,
Nid caneuon rhyddid glân;
Dan y Ddeddf, orfoda ddynion
Arfer trin hen arfau tân.
Cwmwl du uwch llawer bwthyn
Ddug i lawer calon glwy;
Ofer canu, 'Gwlad y Delyn' –
Gwlad caethiwed ydyw mwy.

Rhydfab Hendre
Amman Valley Chronicle, 24 Awst 1916

Efallai mai un o'r cerddi mwyaf gwleidyddol a gadwyd yw hon gan David Thomas ac mae wedi'i chanu o safbwynt milwr sosialaidd yn y ffosydd – mae'n lladd ar feistri 'mawrion Prydain Fawr' sy'n gyrru'r werin i ymladd drostynt, ond yn cadw'r werin honno'n gaeth ac yn ddi-hawliau. Gwrthwynebydd cydwybodol gydag egwyddorion sosialaidd ac undebol cryfion oedd David Thomas – taid i Angharad Tomos, Cymdeithas yr Iaith yn ddiweddarach. Byddai cynifer â phymtheg o chwarelwyr yn galw heibio iddo bob nos i holi a thrafod sut oeddent yn mynd i wynebu'r tribiwnlysoedd. Aeth Evan, ei frawd, i ffosydd Ffrainc ond carchar neu chwilio am waith hanner can milltir i ffwrdd o'i gartref oedd dedfryd y tribiwnlys yn achos David Thomas. Cafodd waith ar fferm y Bers yn Wrecsam ac yno y cyfarfu â'i wraig. Mae mwy na thinc o chwyldro i'w glywed yn y penillion hyn:

Llef o'r ffosydd

Awgrymwyd gan benillion yn y *Labour Leader*

Rym yma yn y ffosydd nos a dydd,
Yn ymladd dros gyfiawnder, meddai nhw,
I ddwyn cenhedloedd bychain eto'n rhydd
O afael teyrnas fethodd gadw'i llw.
Ond clywsom son fod mawrion Prydain Fawr
Yn para i ormesu'r werin ffol, –
Ei thlodi, a'i chaethiwo, a'i chadw i lawr, –
Ond – 'rhoswch chwi nes down ni adre'n ol!

Gadawsom wragedd a theuluoedd mân,
Pan alwodd gwlad am ein gwasanaeth ni,
A deuthom yma i wynebu'r tân,
A'u gadael hwythau dan ei gofal hi.

Ond clywn yn awr am godi rhenti'r tai,
Neu chwalu ein cartrefi. Fradwyr ffol!
Pwy byth ymladdai dros y cyfryw rai? –
Ond – 'rhoswch chwi nes down ni adre'n ol!

Gadawsom ein cydweithwyr yn y 'gwaith'
A ffarwel cynnes, a'u rhybuddio i gyd
I gadw'n 'Hundeb' fyth yn gryf, ddi-graith,
I ddiogelu'n hawliau gwerthfawr drud.
Ond clywn yn awr fod gwŷr o uchel fri
Am wneud caethweision o'n cydweithwyr ffol,
A malu'n 'Hundeb' yn ein cefnau ni, –
Ond – 'rhoswch chwi nes down ni adre'n ol!

David Thomas, Tal-y-sarn
Y Brython (16/12/1915)

Mae'r Private Tomos ap Gwilym yn *Y Brython* yn disgrifio effaith y rhyfel ar fechgyn Cymru:

Llawer o 'nghyfeillion tirion
Heddyw sydd yn dlawd eu gwedd,
Rhai yn gorwedd mewn ysbytai,
Rhai yn gorwedd yn y bedd,
Arglwydd Dduw y Lluoedd gadwo
Weddill mawr yn ôl i ddod –
I wneud Gwlad y Menyg Gwynion
Fyth yn wynnach er Ei glod!

Private Tomos ap Gwilym
Heaton Park, Manceinion
Y Brython (1/3/1917)

Try rhai eraill at Dduw, fel yn achos y Gunner W. H. Hughes

yn ei gerdd 'Erfyniad' pan oedd yn Ysbyty'r Eglwys Newydd ger Caerdydd. Mae mwy nag un gyfres o benillion yn deillio o'r amser hwnnw pan oedd milwyr yn gorwedd yn ddiffrwyth yn eu gwlâu wrth geisio gwella ar ôl cael eu clwyfo:

> Arglwydd, clywaf swn y frwydr –
> Fel taranau o bob tu,
> Gwaed yn llifo ar y meysydd,
> Meirw heb eu rhifo'n llu, –
> Brenhin y brenhinoedd, gwrando
> Ar ein gweddi, dyro'n rhad,
> Bydd i'r weddw eto'n Farnwr,
> Ac i'r amddifaid bydd yn Dad.

> A oes rhywbeth, Hollalluog,
> Yn ein cuddio megis llen?
> A ydyw pechod wedi ein denu
> Draw oddiwrth Dy Orsedd wen?
> Duw y duwiau tyr'd yn fuan,
> Taena'th aden dros Dy nyth,
> Tro y brwydrau oll yn gariad,
> Fel na bydd gelyniaeth byth.

Gunner W. H. Hughes, Ysbyty Whitchurch, Sir Forgannwg
Y Goleuad (28/9/1917)

Un o'r cerddi rhyfeddaf yn y Gymraeg gan filwr o faes y gad yw 'Brwydr y Coed'. Mae'r penillion yn sôn mewn arddull faledol, ffeithiol am orchymyn yn dod iddynt yn y ffosydd i symud y gelyn o'r coed. Mae'r wawr yn torri ac mae'r bechgyn yn disgwyl am yr arwydd 'i ymosod a chymryd y coed'. Caiff y Cymry eu hannerch gan eu swyddog ac mae'n pwysleisio mor bwysig yw cymryd y coed ac mae'r pennill olaf yn cyfri'r gost ar ôl y frwydr:

*Cerflun y ddraig goch yn darnio'r weiren bigog – cofeb i'r Cymry
gan y gof David Peterson ger Coed Mametz*

Daeth atom i'r ffosydd frysneges Maeslywydd
I hwylio ein harfau ar frys – yn ddioed;
Ac ebr y gorchymyn: 'Rhaid symud y gelyn,
A'i ymlid o'i loches draw acw'n y coed.'

Y nos a enciliodd, a'r bore a wawriodd,
Y bore rhyfeddaf a welsom erioed;
A ni yn y ffosydd yn disgwyl am rybudd,
Sef gair i ymosod a chymryd y coed.

'Chwi fechgyn o Gymru,' medd swyddog y gadlu,
'Rhaid heddyw ymdrechu yn fwy nag erioed;
Aed pob un i weddi ar Dduw ei rieni,
Rhaid ymladd hyd farw – rhaid cymryd y coed.'

Ar hyn dyma'r bechgyn yn taro hen emyn,
A'r alaw Gymreigaidd mor ber ag erioed,
A'r canu rhyfeddaf, ie'r canu dwyfolaf
Oedd canu y bechgyn cyn cymryd y coed.

Ar ôl brwydro gwaedlyd, ac ymladd dychrynllyd,
Enillwyd y frwydr galetaf erioed;
Ond rhwygwyd ein rhengoedd, a llanwyd â lluoedd
Y beddau dienw wrth odre y coed.

Un o'r Ffosydd
Y Goleuad (7/8/1918)

Mae'n bosibl mai cân am frwydr Coed Mametz yng
Ngorffennaf 1916 yw hon ac iddi gael ei chyhoeddi i gofio
amdani ddwy flynedd yn ddiweddarach. Mi allai fod yn un o
nifer o frwydrau eraill wrth gwrs, ond nifer o adrannau
Cymreig o'r fyddin oedd yng Nghoed Mametz ar y Somme.
Bu'n frwydr eithriadol o galed, pob modfedd o dir yn costio
nifer o fywydau – clwyfwyd dros 4,000 o Gymry yn unig,
gyda 600 o'r rheiny yn feirwon. Roedd y bardd Robert
Graves yn un o gatrodau'r Ffiwsilwyr Cymreig yn y frwydr
honno ac mae ganddo gerdd sy'n tystio bod y Cymry yn y
ffosydd wedi uno i ganu'n nerthol cyn cael yr arwydd i godi
a cherdded at dân yr Almaenwyr. Roedd y canu'n cryfhau'r
ysbryd a hefyd efallai i fod i godi ofn ar y gelyn. Yn ôl Robert
Graves, canwyd 'Sosban Fach' yn ogystal ag emynau cyn y
frwydr:

Rough pit-boys from the coaly South,
They sang, even in cannon's mouth;
Like Sunday's chapel, Monday's inn,
The death-trap sounded with their din.

Yn y 1980au, adroddodd Arthur Thomas o Benmachno
am ei brofiadau yn ymweld â safle'r frwydr yn *Llafar Gwlad*.
Ar ôl gweld cofeb drawiadol David Peterson a cherdded
drwy'r coed tawel, aeth y cwmni i dafarn mewn pentref
cyfagos. Dangosodd y bobl leol ddiddordeb yn yr iaith

anarferol yr oedd y cwmni yn ei siarad a phan glywsant mai Cymraeg oedd hi, roeddent wedi'u cyffroi. Bu sgwrsio mawr a chlywodd yr ymwelwyr mai Val de Galles – 'Dyffryn y Cymry' – oedd yr enw lleol ar y rhan honno o'r wlad a dywedwyd bod ysbrydion y Cymry wedi cael eu clywed yn canu yno sawl gwaith ers pan dawelodd y gynnau mawr.

Cerdd obeithiol yw honno gan Caradog Jones, Blaenllechau – 'Pan Ddêl y Bechgyn Adre'n Ôl' a ysgrifennwyd yng ngwlad Canaan. Yn y penillion, mae Caradog Jones yn cyfeirio at bwysigrwydd canu ym mywydau'r milwyr. Mae'r milwyr yn cael cysur o wybod pan fyddant yn dychwelyd gartref y byddant yn cael canu unwaith eto:

> Syllu'r ydym dros y don,
> Gobaith sy'n dyddhau ein bron,
> A thyrr y gân dros fryn a dôl,
> Pan ddêl y bechgyn adre'n ôl.

> Yn lle ing, ceir aelwyd lân,
> Yn lle aelwyd fe geir cân;
> A megir llonder ymhob côl,
> Pan ddêl y bechgyn adre'n ôl.

> Cilia'r niwloedd ar eu hynt;
> Ffy pryderon gyda'r gwynt,
> Ac â gofidiau ar eu hôl,
> Pan ddêl y bechgyn adre'n ôl.

> Cân gorfoledd ar bob ban,
> A thangnefedd ar bob glan;
> A llawer aelwyd fydd yn nef,
> Pan ddêl yn bechgyn tua thref.

Ond daw nodau siom i gân
Llawer aelwyd gynnes, lân;
Ni ddaeth yn ôl a aeth i ffwrdd,
Oedfa wâg fydd llawer cwrdd.

Caradog Jones, Blaenllechau
Y Goleuad, (23/10/1918)

Cerdd gignoeth yw 'Cân o'r Ffosydd' gan y Private J. Samuel
Williams, Dyserth (Llandudno gynt), yn darlunio'r gwir am
y ffosydd, a hynny ddwy flynedd wedi i'r rhyfel ddechrau.
Llwyddodd y gerdd i osgoi crafangau sensoriaeth ac felly
roedd darllenwyr y papur Wesleaidd *Y Gwyliedydd Newydd*
yn medru cael darlun cywir o'r amgylchiadau yn y ffosydd,
yn hytrach na thrwy rethreg rhamantaidd ac arwrol y dulliau
swyddogol o rannu gwybodaeth:

Gorwedd rwyf mewn *dug-out* gwlyb,
Newydd orffen *sentry*;
Meddwl 'rwyf am gartref clyd,
Draw ym mryniau Cymru;
Yno mae fy nhad a'm mam,
Yno mae fy ffrindiau,
Tra 'rwyf fi fy hunan bach
Yn wynebu angau.

Oer yw'm traed, a chas gen i
Roi fy hun i gysgu,
Gwell yw cerdded cam neu ddau,
Er mwyn dechreu c'nesu;
C'nesu wnes, a des yn ôl
I orffwyso 'chydig,
Saith neu wyth o *sand-bags* sych
Am fy nghorff blinedig.

Ust! mi glywaf lais yn canu,
Llais Lloyd Wynne a'r *sentry* yw,
Canu mae emynau Cymru,
Sy'n mynegu gofal Duw;
Cysgu wnes yn swn y canu,
Swn y magnel mawr eu rhu,
Gan offrymu gweddi fechan
Am i Dduw ein cadw ni.

Deffro wnes i fynd ar *sentry*,
Disgwyl'n awr am fore dydd
Fel y gwyliwr am y bore –
Melys yw cael mynd yn rhydd.
Amser brecwast yw yn awr,
Biscuit, bully-beef a jam,
Nid oes wy na thost i'w cael
Nid oes yma fodd cael ham.

Prysur ddarfod mae y dydd,
Dod yn fuan mae y nos,
Hiraeth arnaf beunydd sydd,
Pan ar *sentry* yn y nos.

> Private J. Samuel Williams R. W. F., Ffrainc
> *Y Gwyliedydd Newydd* (13/6/1916)

Ceir penillion eraill o'r un cyfnod gan y Private R. S. Davies, Ystumtuen yng Ngheredigion dan y teitl 'Hiraeth'. Thema gyson yn y cerddi rhyfel yw hon: hiraethu am y gorffennol, y cartref a'r fam:

Wrth fyfyrio mewn unigedd,
Ambell dro ar doriad dydd,
Mae fy ysbryd llesg yn isel
A fy nghalon wan yn brudd,

Rhed fy meddwl i'r gorffennol,
A daw hiraeth ar ei hynt,
Tannau'n tynnu hen atgofion
Am y dedwydd amser gynt.

Ambell dro, ym myd dychymyg,
'Rwyf yn gweled yr hen wlad,
A'r tyddynnod tlws henafol
Yng ngheseiliau'r bryniau mad,
'Rwyf yn gweled ffrwd gyfarlllwyd,
Swn ei thabwrdd glywaf draw,
Gwelaf Rheidol yn doleni
Rhwng y creigiau yn ddifraw.

Gwelaf ardal fwyn yr Ystum,
Hen gartrefle boreu myd,
A pharhau mae serch fy nghalon
I dy garu di o hyd.
Gwelaf y caregog lwybrau,
Deithiwn gynt yn blentyn llon:
Gweld y mannau bum yn chwareu
Heb un gofid dan fy mron.

Cofiaf lu o hen aelwydydd,
Lle y treuliais oriau man,
Mewn dedwyddwch yn ymgomio
Hirnos gaeaf wrth y tan.
Cofiaf am yr hen gyfoedion
Oedd yn annwyl gynt i mi;
Er fod heddyw rai yn fudion
Saif eu coffa fyth mewn bri.

Cofiaf fwthyn bach gwyngalchog
Draw ar ael y bryn di-nam,
Bwthyn annwyl dyddiau mebyd, –
Hen gartrefle hoff fy mam.
Yno rhwng y bryniau tawel
Carwn dreulio'm hoes i gyd,
A chael hedeg oddiyno
Fry uwchlaw helyntion byd.

Pte. R. S. Davies, A. S. C., Ystumtuen
Y Gwyliedydd Newydd (3/10/1916)

Ddwy flynedd yn ddiweddarach, ysgrifennodd Sapper Bob Parry ddau bennill dolefus unwaith eto am Gymru yn 'Hiraeth am Gymru Wen':

Mae hiraeth arnaf, oes yn wir!
Am Gymru Wen, fy ngwlad:
O na bawn yno'r funud hon,
O swn magnelau'r gad;
Y wlad lle mae f'anwyliaid hoff,
Hen fryniau gwyrdd eu bri,
A'r wlad lle mae yr Emyn hon –
"O Iesu! derbyn fi."

Yn hon mae hoff genhadon Duw,
A'r Ysgol Sul yn rhad:
A hon sy'n dysgu am y groes,
A chariad tirion Dad.
O brysia'r dydd caf finnau ddod,
I'm hannwyl Walia Wen,
A Baner Heddwch, megis gynt,
Yn chwifio uwch fy mhen.

Sapper Bob Parry, Ffrainc
Y Gwyliedydd Newydd (4/9/1918)

Mae 'Ymson Milwr yn Ffrainc' yn ymddangos yn *Y Dinesydd Cymreig*, ac un o fechgyn Rhostryfan, Gunner E. J. Owen, yw'r awdur. Canodd ei gân wedi iddo gyfarfod a chymrodorion o sir Gaernarfon – ac nid dyma'r unig enghraifft o'r math hwn o ganu. Mae'n myfyrio a chodi cwestiynau ar ôl y profiad, ond ar y diwedd ceir sicrwydd y bydd diwedd ar y gyflafan:

> Fel yr oeddwn yn rhodiana
> Maes y gad un gyda'r nos,
> Fe fu imi'n ddiarwybod
> Gwrdd a bechgyn Gwalia dlos;
> Ar ôl ysgwyd llaw a chyfarch,
> Ac ymgomio oriau maith,
> Fe hwyliasom tua'r gwersyll,
> Er na charem hynny chwaith.

> Pleser gennyf byth er hynny
> Yw cael cwrdd a'r bwthyn llon,
> Mae e'n gweini imi gysur,
> Ac yn falm i'r clwyfus fron;
> Difyr yw mynd dros yr hanes,
> Pan yr oeddym gynt yn blant,
> Fel y carem ben y mynydd,
> A'r afonydd yn y nant.

> Neithiwr aethom drwy y fynwent
> Mewn gweddeidd-dra a thristad,
> Syllem ar feddrodau'r dewrion,
> Rhai fu'n ymladd dros eu gwlad;
> Ffyddlon fuont hyd y diwedd,
> Er cael heddwch i'r holl fyd,
> Bydd eu henwau'n perarogli
> Yn ein bywyd ni o hyd.

Syndod meddwl am y miloedd
Oedd yn gorwedd yn y lle,
Draw o swn y miri rhyfel
Yn mwynhau tawelwch ne',
Boed i Dduw fendithio'u teulu
A throi'u tristwch yn fwynhad,
A rhoi nerth i gofio'r frawddeg:
"Melus marw dros ein gwlad."

Am ba hyd y peri'r rhyfel
Ydyw'r si a geir yn awr,
Cawsom ddigon ar y tristwch,
"Pryd y tyr y bore wawr?"
Geiriau anodd iawn i'w hateb
Ydyw'r uchod, coeliwch fi;
Wel, gadawn yr oll i'r Duwdod,
Fe all newid cwrs y lli.

Fe ail Ef droi'r nos yn oleu,
Er mor dywell yw yn awr;
Ceisiwn gredu yn Ei allu,
Pen Creawdwr nef a llawr;
Fe rydd gymorth i orchfygu
Nerth y fall, er cryfed yw,
Fethodd neb erioed a choncro
Os yn credu yn ei Dduw.

Gunner E. J. Owen,
89 Seige Battery, R.G.A., Ffrainc
(Frondeg, Rhostryfan)
Y Dinesydd Cymreig (1/8/1917)

Yn y pennill hwn o gerdd goffa i filwr, clywir y surni a deimlid ar ddiwedd y rhyfel at ddull oer a dideimlad o hysbysu'r teuluoedd beth oedd wedi digwydd i'r meibion oedd wedi cael eu rhwygo oddi arnynt. Mae'n bosib iawn mai cerdd gan gyn-filwr yw hon, yn clywed y newydd am y diweddar Priv. Tom Davies, Glanaman ar ôl cyrraedd gartref:

> Griddfanodd fy nghalon ar ei rhawd,
> Pan glywais dy farw, annwyl frawd;
> Hedodd dy ysbryd i'r wlad sydd well
> O ru magnelau yr Allfro bell.
> A bedd dienw mewn estron wlad
> Gest rywle yn Ffrainc ar faes y gad.
> Brined yw'th hanes wrth newid byd
> Bu farw wrth ymladd; dyna gyd.

Amman Valley Chronicle, 27 Chwefror 1919

Yn yr enghraifft olaf hon, mae penillion 'Profiad Milwr' gan y Preifat G. O. Thomas, Disgwylfa, Rhosgadfan yn tanlinellu rhan ffydd ym mywydau'r milwyr hyn. Wrth iddo erfyn am heddwch, mae hefyd yn gobeithio y bydd y byd i gyd erbyn y diwedd mewn cymundeb gyda Duw:

> Er cymaint y gofid a'r poenau
> Sydd inni yn digwydd yn awr,
> Mae meddwl am fath annuwioldeb
> Gyfrifir bob munud mor fawr;
> Mae'n rhyfedd fod Duw yn ein goddef
> Fel 'rydym yn tramwy ei fyd,
> I bechu a byw i'n pleserau
> A thorri ei ddeddfau cyhyd.

Ei gariad sy' fawr tuag atom
Yn disgwyl y deuwn yn ôl,
Mae'n rhoddi cyfleustra i'n dderbyn
Yn annwyl a chynnes i'w gol;
Ei aden sydd yn ein cysgodi
Er pan ydym yma yn awr,
Nid ydyw yn hoffi ein gweled
Heb fod yn ei gwmni bob awr.

Er nad ym yn gwybod wrth fyned
I'r ffosydd faint fyddwn i fyw,
Fe allwn wrth gychwyn o'r billet
Gyflwyno ein hunain i Dduw;
Bydd Ef yn ein hymyl bob amser,
Gall hefyd ein cadw yn fyw,
Efe o hyd sy'n teyrnasu,
'Does unpeth all rwystro ein Duw.

Rym heddyw ymhell ac yn unig
Ynghanol bwledi a thân,
Mae meddwl am bechu a thyngu
Yn rhwystro ein cynydd yn lân;
Tra'n gweled cyfeillion yn cwympo
Gychwynai fel ninnau yn fyw,
Pwy hoffai wynebu'r fath antur
Heb fod mewn cymdeithas a Duw?

Nis gallwn gael llawer o gysur
Hyd nes y cawn heddwch i'n gwlad;
A phawb yma'n caru eu gilydd
Heb son am ryfela na chad;

Pryd hwnnw fe fyddwn yn hapus,
Faint bynnag ddaw adref yn fyw,
A'r ddaear i gyd wedi newid,
A phawb mewn cymundeb a Duw.

Preifat G. O. Thomas, Disgwylfa, Rhosgadfan
Y Dinesydd Cymreig (27/6/1917)

Mae'r penillion yma yn rhan annatod o hanes y Rhyfel
Byd Cyntaf a gwae ni rhag anwybyddu hynny. Cawn yn y
rhain wir ddarlun o fywyd yn y ffosydd, a'r uffern yr oedd y
milwyr yn ei ddioddef. Maent hefyd yn arwydd hefyd fod y
bechgyn yn medru rhannu eu profiadau – roedd gwerth
cymdeithasol amlwg i'r penillion. Canwyd cerddi mwy
llenyddol gan feirdd eraill a bu'r awen yn brysur ymysg
prydyddion gartref oedd yn ymateb i'r digwyddiadau o
bellter. Yng nghaneuon y milwyr, fodd bynnag, mae'r
mynegiant uniongyrchol a'r meddyliau cymhleth yn cynnig
llwybrau newydd i ni gyrraedd at y gwir y tu hwnt i'r ffeithiau
swyddogol, hyd yn oed gan mlynedd yn ddiweddarach.

Llyfryddiaeth

Brown, Malcolm, 'After Ninety Years', *The Daily Telegraph Dictionary of Tommies' Songs and Slang, 1914-18* (Llundain, 2008)

Davies, E. Beynon, *Ar Orwel Pell* (Llandysul, 1965)

Jones, T. Hughes, *Amser i Ryfel* (Lerpwl, 1944)

Valentine, Lewis, *Dyddiadur Milwr* (Llandysul, 1988)

Amryw bapurau newydd a chyfnodolion megis *Y Brython, Y Dinesydd Cymreig, Y Goleuad* ac *Y Gwyliedydd Newydd*

Stori gan Dei Bryniog, Melin-y-coed, Llanrwst

'Dyffryn y Cymry' gan Arthur Morgan, *Llafar Gwlad* 22, Gaeaf 1988

Canu Gwyddelig y Rhyfel Mawr

Myrddin ap Dafydd

Gorymdeithio

Roedd y ddelwedd o ddynion ifanc cefnsyth, reiffl ar ysgwydd chwith, llaw dde'n siglo'n gadarn ac yn gorymdeithio'n falch yn eu lifrai yn un oedd yn cael ei ddefnyddio'n gyson wrth recriwtio ar gyfer catrodau'r Rhyfel Mawr. Fel rheol, byddai gwên frawdgarol ar wyneb pob milwr a chân lond eu cegau – pedwar gwrol ysgwydd wrth ysgwydd, a mintai faith y tu ôl iddyn nhw. Ychwanegwch ferch ifanc neu ddwy yn ffarwelio â'r hogiau dewr drwy chwifio hances wen, a dyna'r poster wedi'i gwblhau. Roedd apêl yn y brethyn a'r offer mae'n amlwg – cafodd llawer o'r gwirfoddolwyr cynnar eu siomi am nad oedd gwisg filwrol ar eu cyfer am rai misoedd ond ar bosteri diweddarach gellid cyhoeddi *'Uniform & Necessaries Immediately on Enlistment'*.

Martsio gyda gwên

198

Defnyddid catrodau o filwyr golygus yn gorymdeithio fel rhan o gyffro achlysur recriwtio mewn tre farchnad neu ar strydoedd Dulyn a dinasoedd eraill. Roedd cerdded pellteroedd blinedig ar droed yn rhan o realiti'r milwyr rhwng y gwersylloedd hoe a'r llinell flaen. Doedd y bandiau pres a oedd ar gael ar gyfer y parêds recriwtio ddim ar gael yn y ffosydd a'r ffyrdd lleidiog, ond mae digon o dystiolaeth bod caneuon, a hiwmor a chwerthin, yn gymorth ar y teithiau hynny. Casglwyd degau o ganeuon 'martsio' o'r Rhyfel Mawr, gyda llawer ohonynt yn barodïau amrwd yn aml ar rai o ganeuon poblogaidd y cyfnod.

Roedd gan y catrodau Gwyddelig ran amlycach na'r cyffredin yn y 'caneuon martsio' hyn. Gwnaethant eu marc gyda llawer o ganeuon martsio yn Rhyfel Cartref America 1861-65. Mae'n bosibl mai'r hoff gân i

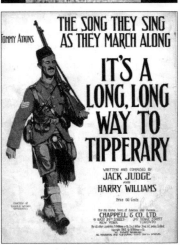

Jack Judge, awdur y gân, a phoster sioe Tipperary

gerdded i'w chyfeiliant ymysg yr holl gatrodau oedd 'It's a Long Way to Tipperary'. Cân o un o sioeau cerdd poblogaidd y dydd gan Jack Judge oedd honno ac fe'i cyfansoddwyd yn swydd Gaer yn 1912. Ganwyd Jack Judge i rieni Gwyddelig ac roedd ei daid a'i nain yn hanu o Tipperary. Yn ystod y Rhyfel Mawr, clywodd George Curnock, gohebydd y *Daily Mail* gatrawd o'r Connaught Rangers yn canu'r gân hon wrth iddynt orymdeithio drwy Boulogne ar 13 Awst 1914.

Cyhoeddwyd y stori yn y papur newydd a chydiwyd yn y gân gan unedau eraill – nid yn unig yn y Fyddin Brydeinig ond hefyd ym myddinoedd Rwsia a'r Almaen. Gwerthwyd miliwn o gopïau o'r gân yn 1914. Gyda'i halaw sionc, ei hyder a'i hiwmor a'i thinc o hiraeth am adref, mae llawer ynddi y gallai'r milwyr uniaethu â hi:

Up to mighty London came an Irishman one day,
As the streets were paved with gold, sure ev'ry one was gay,
Singing songs of Piccadilly, Strand and Leicester Square,
Till Paddy got excited, then he shouted to them there:

It's a long way to Tipperary,
It's a long way to go,
It's a long way to Tipperary,
To the sweetest girl I know!
Goodbye Piccadilly! Farewell Leicester Square!
It's a long, long way to Tipperary,
But my heart's right there!

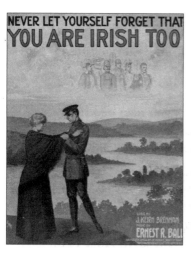

Dim ond un o nifer helaeth o ganeuon Gwyddelig y rhyfel oedd honno. Mae'r casgliad niferus yn cynnwys *I Love You Mary My Irish Fairy* ('In the trenches here I stand, thinking of my native land'); *The Irish Laddies To The War Have Gone* ('Now Paddie dear and did you hear the talk that's going round?'; *The Fighting 69th* ('There's a band of Irish soldiers On the firing line in France'); *Never Let Yourself Forget That You Are Irish Too* ('An Irish boy was leaving for *the front to face the foe'*). Fel mae'r teitlau a'r geiriau cyntaf yn awgrymu, mae ynddynt y plethiad disgwyliedig o ganu serch, gwladgarwch a theyrngarwch i'r fyddin.

Caneuon Rebel

Ond roedd traddodiad maith o ganu rebel yn Iwerddon ers sawl cenhedlaeth a sawl gwrthryfel. Yn dilyn methiant gwrthryfel Hugh O'Neill, ildiodd i goron Lloegr yn 1603 ac wrth i Iwerddon gael ei gwladychu a'i rheoli gan Saeson, collwyd noddwyr traddodiadol addysg a chyfundrefn y beirdd. Eto bu dadeni Gwyddeleg yn ystod y 17eg ganrif gyda'r cerddi gwreiddiol, tanllyd oedd yn lleisio poenau'r gymdeithas Wyddelig oedd wedi colli'i thir a'i hawliau. Canodd y bardd clerigol Pádraigín Haicéad o blaid Gwrthryfel 1641:

Caithfidh fir Éireann uile / gliec na timcheall no tuitim

'Dewch Wyddelod, i'r gad un ac oll, / rhaid inni uno neu gwympo.'

Sefydlwyd yr Irish Volunteers yn 1912 i gefnogi'r ymgyrch wleidyddol yn Iwerddon dros hunanlywodraeth oedd ar fin dwyn ffrwyth. Chwalwyd taith y mesur hwnnw drwy'r senedd gan y Rhyfel Mawr a bu rhwyg yn rhengoedd y cenedlaetholwyr, fel y gwelwyd yn y bennod ar hanes Francis Ledwidge. Gwelodd y fyddin genedlaethol yr angen am ganeuon gorymdeithio hefyd a chyfansoddwyd nifer ohonynt.

Ymddangosodd y geiriau hyn o gân fartsio gan Thomas MacDonagh yn yr *Irish Review* yn 1913:

> We love our land from sea to sea;
> And heed no mark of creed or clan
> Ireland we claim, and Ireland free.
>
> For Ireland, for Ireland, for Ireland all,
> Our ranks we band in might:
> From her four seas we at Ireland's call
> In Ireland's cause unite,
> And march to the hosting of Gael and Gall,
> To claim our Freedom's right.

Mae anthem genedlaethol Iwerddon yn un o'r caneuon gorymdeithio hyn: *Amhrán na bhFiann* ('Cân y Milwr') gan Peadar Kearney. Dyma'r cytgan:

> Sinne Fianna Fáil atá fé gheall ag Éirinn
> Buion dár slua thar toinn do ráinig chugainn
> Fémhóid bheith saor. Seantír ár sinsir feasta
> Ní fhagfar fé'n tiorán ná fé'n tráil
> a théam sa bhearna bhaoil,
> Le gean ar Ghaeil chun báis nó saoil
> Le guna screach fé lámhach na bpiléar,
> Seo libh, canaídh Amhrán na bhFiann.

Milwyr triw i Iwerddon ydan ni / Daeth rhai i'n rhengoedd dros y lli / Ar dân dros ryddid / Ni fydd ein hen diroedd fyth eto / yn lloches i'r teyrn a'r caethwas / heno awn i sefyll ym mwlch y perygl / Dros achos Iwerddon / Drwy ddŵr a thân / Uwch rhu'r canon a sgrech y reiffl / Cydganwn gân y milwr.

Does dim amheuaeth pwy oedd y gelyn yn llygaid yr Irish Volunteers:

Peadar Kearney, awdur yr anthem

*'S an b'odhbha i raon na bpiléar
agaibh:/Seo libh, canaidh amhrán
na bhFiann.*

Yn ein disgwyl draw acw mae'r gelyn Sacsonaidd / Felly canwn gân y milwr.

Caiff y gwrth-seisnigrwydd ei fynegi'n ddi-flewyn-ar-dafod mewn cân a gyhoeddwyd yn 1915: *When Germany Licks England Old Ireland Will Be Free*. Roedd hen ddywediad ymysg cenedlatholwyr Iwerddon: *'England's difficulty is Ireland's opportunity'* ac ym mrwydr yr ymerodraethau yn Ewrop, gwelai'r Gwyddelod gwladgarol wirionedd yn y dywediad mai 'gelyn fy ngelyn yw fy ffrind'.

Gwrthwynebu Prydeindod y Rhyfel Mawr

Wrth i'r mudiad cenedlaethol dyfu yn Iwerddon yn ystod y Rhyfel Mawr, cynyddodd y gwrthwynebiad i Brydeindod a'i gafael ar Wyddelod ifanc, yn eu denu i ymladd ei rhyfeloedd drosti. Mae'r elfen hon yn llafar iawn ym maledi'r cyfnod cyn Gwrthryfel 1916:

The Grand Old Dame Britannia

*Come all ye scholars saints and bards,
Says the grand old dame Britannia.
Will ye come and join the Irish Guards,
Says the grand old dame Britannia.*

Oh, don't believe them Sinn Fein lies,
And every Gael that for England dies,
Will enjoy 'Home Rule' 'neath the Irish skies,
Says the grand old dame Britannia.

Now Johnny Redmond you're the one,
You went to the front and you fired a gun,
Well you should have seen them Germans run,
Says the grand old dame Britannia.

But if you dare to tread on the German's feet,
You'll find a package tied up neat,
A Home Rule badge and a winding sheet,
Says the grand old dame Britannia.

Poster recriwtio John Redmond, arweinydd y cenedlaetholwyr Gwyddelig

Arweinydd Plaid Genedlaethol Iwerddon oedd John Redmond ac yng nghythrwfwl y Rhyfel Mawr cymerodd gam gwag. Anogodd y Gwyddelod i ymuno â'r Fyddin Brydeinig, gan dybio y byddai cefnogi Lloegr yn cael argraff dda ar San Steffan. Cytunodd llawer gyda Redmond – ond nid pawb. Cyhoeddwyd mwy a mwy o ganeuon gwrth-recriwtio ac yn ddiweddarach y caneuon gwrth-gonscriptio. Roedd caneuon yn arf gwerinol ar gyfer dychan gwleidyddion ac arweinwyr. Yn naturiol, roedd y rhingyll yn y cyfarfodydd recriwtio yn darged yn ogystal – daw'r faled hon o Tipperary:

The Recruiting Sergeant

As I was going along the road and
feeling fine and larky O,
A recruiting sergeant trim and neat
said you'd look fine in khaki O,
The King he is in need of men just
read the proclamation O,
The life in Flanders would be fine,
for you it would be vacation O.

That may be true I answered back
but tell me Sergeant dearie O,
If I had a pack stuck on my back
would I look fine and cheery O
The proclamations are alright I
have read the last of French's O,
Well it might be hot in Flanders but it's draughty in the
trenches O.

Peader Kearney hefyd biau'r gân ddychanol hon am
sarjant recriwtio yn Nulyn:

Sergeant William Bailey

Sergeant William Bailey was a man of high renown,
Tooral looral looral looral loo,
In search of gallant young recruits he used to scour the town,
Tooral looral looral looral loo,
His face was full and swarthy, of medals he had forty,
And ribbons on his chest red, white and blue,
It was he that looked the hero as he made the people stare O,
As he stood on Dunphy's corner tooral loo.

But alas for human greatness every dog he has his day,
Tooral looral looral looral loo,
And Sergeant William Bailey he is getting old and grey,
Tooral looral looral looral loo,
No longer youths are willing to take his dirty shilling,
And things for him are looking mighty blue,
In spite of fife and drumming no more recruits are coming,
For Sergeant William Bailey tooral loo.

Baner yn gwrthod ymerodraethau Prydain a'r Almaen ar y Liberty
Hall, canolfan yr undebwr James Connolly.

Pan gododd Pearse a Connolly a'u cyd-weriniaethwyr mewn gwrthryfel yn erbyn llywodraeth Lloegr yn Iwerddon ar ddydd Llun y Pasg, 1916, mae'n naturiol bod digwyddiadau hanesyddol o'r fath wedi'u cofnodi yn helaeth ym maledi poblogaidd y cyfnod. Ysbrydolwyd llawer gan weithred ysgeler Prydain yn dienyddio'r arweinwyr – ac yn arbennig yn y ffordd y saethwyd Connolly, yn dioddef o'i glwyfau, yn gorfod eistedd ar gadair ac wynebu'r sgwod saethu mewn gwaed oer.

James Connolly

Where oh where is our James Connolly,
Where oh where can that brave man be,
He has gone to organise the Union,
That working men might yet be free.

Where oh where is the citizen army,
Where oh where can that brave band be,
They have gone to join the great rebellion,
And break the bonds of slavery.

I'r gweriniaethwyr, y Post yn Nulyn a'r adeiladau allweddol eraill a feddiannwyd yn ystod yr wrthryfel oedd y 'ffosydd'. Aed â channoedd yn garcharorion rhyfel i'r Frongoch ger y Bala ac i garchardai yn Lloegr yn ystod blynyddoedd olaf y Rhyfel Mawr. Pan gyfarfu llywodraeth newydd Iwerddon, y Dáil, yn Nulyn yn 1919, galwyd enwau'r aelodau a thro ar ôl tro yr ateb i'r alwad oedd *'faoi ghlas ag na Gaill'* ('wedi'i gloi mewn cell gan yr Estron'). Ysbrydolwyd Charles O'Neill, offeiriad o Kilcoo, swydd Down i gyfansoddi un o faledi gorau'r gwrthryfel ar ôl iddo ddychwelyd adref o'r agoriad swyddogol hwnnw.

The Foggy Dew

As down the glen one Easter morn
Through a city fair rode I.
There armed lines of marching men,
In squadrons did pass me by.
No pipe did hum, no battle drum,
Did sound out its loud tattoo.
But the angelus bell o'er the Liffey's swell,
Rang out through the foggy dew.

Right proudly high over Dublin town
They flung out the flag of war.
'Twas far better to die 'neath an Irish sky,
Than at Suvla or Sud el Bar.
And from the plains of royal Meath,
Brave men came hurrying through,
While Britannia's Huns with their long-range guns,
Sailed into the foggy dew.

William Redmond ac achos Iwerddon yn Ffrainc

Un o'r Gwyddelod enwocaf i ymuno â byddin Prydain oedd William Redmond (1861-1917) o Wexford a gâi'i adnabod ar lafar fel Major Willie Redmad. Roedd wedi'i garcharu gan y Saeson deirgwaith am weithredu ar fater y tir yn Iwerddon, wedi rhannu cell gyda Parnell a bu'n aelod seneddol Gwyddelig am 34 mlynedd. Roedd yn frawd i arweinydd y blaid honno. Bu'n huawdl yn erbyn rhyfel imperialaidd Prydain yn erbyn taleithiau annibynnol y Boer yn Ne Affrica a chondemniodd i'r carn fwystfileidd-dra Kitchener a'i fyddin yn erbyn plant a mamau Transvaal a'r Orange Free State. Ymunodd â'r Irish Volunteers ac aeth ar ymgyrch anodd a pheryglus i Brussels i sicrhau arfau i'r fyddin. Ond eto, ar alwad John ei frawd, Willie oedd un o'r rhai cyntaf i ymuno â'r National Volunteers i fynd i ymladd yn Ffrainc. Yn 53 oed yn y ffosydd yn Ffrainc yn Chwefror 1915, ac yn Major yng Ngorffennaf, cafodd ei wneud yn gapten a gwelodd y

Pen-ddelw o William Redmond yn Wexford

profiadau yn y rhyfel yn fodd o uno carfanau gweriniaethol ac unoliaethol Iwerddon:

My men are splendid and we are pulling famously with the Ulster men. Would to God we could bring this spirit back to Ireland. I shall never regret I have been out here.

Roedd gyda'r Royal Irish Regiment yn Messines ym Mehefin 1917. Cyn yr ymosodiad, dywedir iddo fynd o ffos i ffos a siarad â phob un o'i ddynion. Ef oedd un o'r rhai cyntaf allan 'dros y top' drannoeth, ac un o'r rhai

Bedd William Redmond yn Loker, gwlad Belg

cyntaf i gael ei saethu. Bu farw'r noson honno, heb fod ymhell o'r fan lle byddai Francis Ledwidge yn cael ei ladd fis yn ddiweddarach. Roedd milwyr yr Ulster Division yn rhan o'i angladd a chafodd ei gladdu mewn 'bedd unig' y tu allan i'r fynwent Brydeinig. Cyfrannodd gwŷr Ulster £100 tuag at godi cofeb iddo yn y fan honno.

Mae'n amlwg felly na ellir labelu'r holl Wyddelod a aeth i ymladd i'r Rhyfel Mawr fel 'Prydeinwyr' na 'gwrth-genedlaethol'. Roedd y gwir yn llawer mwy cymhleth na hynny ond pegynnodd y gwahanol garfanau yn dilyn Gwrthryfel 1916 o'r dull y triniwyd yr arweinwyr gan y Saeson. Erbyn hynny, roedd yn rhy hwyr i'r Gwyddelod gwladgarol oedd wedi cael eu hunain yn rhan o Fyddin Prydain i wneud dim am y peth. Wedi i Iwerddon dorri'n rhydd oddi wrth Brydain yn 1922, bu cyfnod o edrych ar filwyr 'Prydeinig' Iwerddon gydag amheuaeth a sarhad.

Cofeb Gweriniaeth Iwerddon yn y Parc Heddwch yn Mesen

Yn Nhachwedd 1998, pontiwyd dros y gwahaniaethau a thros gyfnod helaeth o hanes cythryblus Iwerddon pan drefnodd y weriniaeth seremoni i goffáu meirwon Gwyddelig y Rhyfel Mawr am y tro cyntaf erioed. Aeth 250,000 o fechgyn o Iwerddon i'r brwydrau a bu farw dros 50,000 ohonynt. Dadorchuddiwyd tŵr crwn nodweddiadol o Iwerddon mewn Parc Heddwch ger Mesen yng ngwlad Belg. Cariwyd tunelli o feini o hen wyrcws Mullingar i adeiladu'r tŵr ac wrth gwrs, roedd y band yn canu 'It's a Long Way to Tipperary' yn ystod y seremoni.

Ond y gwir yw bod cymysgedd o resymau gan Wyddelod ifanc dros wirfoddoli i ymuno â'r British Expeditionary Force – yn eu mysg, cyfle am antur a theithio, a chyfle am gyflog sefydlog, yn arbennig ymysg tlodion dinas Dulyn. Ymysg y rhai a ymunodd am resymau gwleidyddol, gan gredu y byddai ffyddlondeb i'r goron yn cael ei wobrwyo gydag annibyniaeth i Iwerddon maes o law oedd y bardd Tom Kettle.

Tom Kettle

Ganwyd Thomas Michael Kettle yn ardal Dulyn yn 1880, yn fab i Andrew Kettle, sefydlydd Cynghrair Tir Iwerddon, a daeth yn weithredol yn y mudiad hunanlywodraeth. Cymhwysodd fel bargyfreithiwr yn 1905, bu'n newyddiadurwr a daeth yn aelod seneddol yn 1906. Ymunodd â'r Volunteers a theithiodd Ewrop yn chwilio am arfau. Roedd ar y Cyfandir pan dorrodd y rhyfel ac ymunodd â chatrawd y Royal Dublin Fusiliers pan ddychwelodd adref yn grediniol y byddai cynorthwyo gwlad Belg yn gymorth i Brydain gydnabod

Tom Kettle, y bardd a'r bargyfreithiwr

angen Iwerddon am hunanlywodraeth ar ôl i'r brwydro ddod i ben. Gwasanaethodd yn ffosydd Ffrainc a chafodd ei ladd yn Ginchy ar y Somme ar 9 Medi 1916.

Amlinellodd ei resymau dros fynd i'r Rhyfel Mawr mewn soned gofiadwy i'w ferch Betty a gyfansoddodd yn y ffosydd ar 4 Medi 1916. Mae'r tair llinell olaf ar gofeb iddo a godwyd heb seremoni na chydnabyddiaeth gyhoeddus ym mharc St Stephen's Green, Dulyn:

To My Daughter Betty, The Gift of God

In wiser days, my darling rosebud, blown
To beauty proud as was your mother's prime,
In that desired, delayed, incredible time,
You'll ask why I abandoned you, my own,
And the dear heart that was your baby throne,
To dice with death. And oh! they'll give you rhyme

Cofeb i Tom Kettle
ym mharc
St Stephen's Green,
Dulyn

And reason: some will call the thing sublime,
And some decry it in a knowing tone.
So here, while the mad guns curse overhead,
And tired men sigh with mud for couch and floor,
Know that we fools, now with the foolish dead,
Died not for flag, nor King, nor Emperor,
But for a dream, born in a herdsman's shed.

Mae'i gerdd 'Reason and Rhyme' yn mynegi ei safbwynt at Loegr oedd yn annog y Gwyddelod i anghofio'u gorffennol a throi'n Brydeinwyr.

Bond from the toil of bate we may not cease:
Free we are to be your friend.
And when you make your banquet, and we come,
Soldier with equal soldier must we sit
Closing a battle, not forgetting it.
With not a name to hide
This mate and mother of valiant 'rebels' dead
Must come with all her history on her head.
We keep the past for pride:
No deepest peace shall strike our poets dumb
No rawest squad of all Death's volunteers
No rudest man who died
To tear your flag down in the bitter years
But shall have praise and three times thrice again
When at that table men shall drink with men.'

Ysbrydolwyd ei gerdd 'On Leaving Ireland' pan oedd yn

hwylio ar draws Môr Iwerddon gan wylio'r machlud y tu ôl
iddo yn goch y tu draw i Ben Edar yng Ngorffennaf 1916:

> *As the sun died in blood, and hill and sea*
> *Grew to an altar, red with mystery,*
> *One came who knew me (it may be overmuch)*
> *Seeking the cynical and staining touch,*
> *But I, against the great sun's burial*
> *Thought only of bayonet-flash and bugle-call,*
> *And saw him as God's eye upon the deep,*
> *Closed in the dream in which no women weep,*
> *And knew that even I shall fall on sleep.*

'Bardd Caib a Rhaw' (*'The Navvy Poet'*) oedd yr enw ar
Patrick MacGill a anwyd yn Glenties, swydd Donegal. Mae
cerflun ohono ar brif bont y dref. Bu'n was fferm a nafi, gan
astudio llenyddiaeth yn ei amser sbâr a
chyhoeddodd gasgliad o'i gerddi ar ei
draul ei hun yn 1911. Gwerthai'r llyfrau o
ddrws i ddrws ond cafodd dipyn o
gydnabyddiaeth yn y wasg a symudodd i
Lundain i weithio ar y *Daily Express*. Pan
dorrodd y rhyfel, ymunodd â'r London
Irish Rifles a chafodd ei anafu ar ddechrau
brwydr Loos, 1915. Priododd, adferodd
ei iechyd ac ailymunodd â'i gatrawd a
chyfansoddodd gerddi eithriadol ar
oferedd y Rhyfel Mawr. Parhaodd i
sgwennu ar ôl y rhyfel, gydag un o'i
ddramâu'n cael ei llwyfannu yn
Broadway. Ymfudodd i America yn 1930
ac yno y bu farw yn 1963.

Patrick MacGill

Dyma rai o'i gerddi rhyfel, yn seiliedig
ar ei brofiadau yn y ffosydd:

Death and Fairies

Before I joined the Army
I lived in Donegal,
Where every night the Fairies
Would hold their carnival.

But now I'm out in Flanders,
Where men like wheat-ears fall,
And it's Death and not the Fairies
Who is holding carnival.

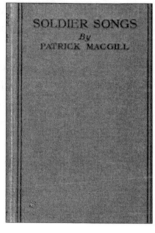

Un o gyfrolau
Patrick MacGill

Letters In The Trenches

The post comes to us nightly, we hail the post with glee
For now we're not as many as once we used to be:
For some have done their fighting, packed up and gone away,
And many lads are sleeping – no sound will break their sleeping;
Brave lusty comrades sleeping in their little homes of clay.

We all have read our letters but there's one untouched so far
An English maiden's letter to her sweetheart at the war:
And when we write in answer to tell her how he fell,
What can we say to cheer her, oh, what is now to cheer her?
There's nothing to cheer her; there's just the news to tell.

We'll write to her tomorrow and this is what we'll say:
He breathed her name in dying; in peace he passed away:
No words about his moaning, his anguish and his pain,
When slowly, slowly dying – God! Fifteen hours in dying!
He lay all maimed and dying, alone upon the plain.

We often write to mothers, to sweethearts and to wives,
And tell how those who loved them had given up their lives.
If we're not always truthful our lies are always kind
Our letters lie to cheer them, to comfort and to help them
Oh, anything to help them – the women left behind.

A Lament From The Trenches

I wish the sea was not so wide that parts me from my love;
I wish the things men do below were known to God above!

I wish that I were back again in the glens of Donegal,
They'd call me a coward if I return but a hero if I fall!

Is it better to be a living coward, or thrice a hero dead?
It's better to go to sleep, m'lad, the colour-sergeant said.

Before the Charge

The night is still and the air is keen,
Tense with menace the time crawls by,
In front is the town and its homes are seen,
Blurred in outline against the sky.
The dead leaves float in the sighing air,
The darkness moves like a curtain drawn,
A veil which the morning sun will tear
From the face of death. – We charge at dawn.

Nid oedd llawer o fri ar farddoni mewn Gwyddeleg ar ddechrau'r 20fed ganrif ond un oedd yn ymgyrchu'n egnïol dros yr iaith oedd yr athro a'r ysgolhaig Pádraig Pearse. Er nad oedd yn famiaith iddo, dysgodd hi'n rhugl ac ymunodd gyda Douglas Hyde ac Eoin MacNeill yn y Gynghrair

[AN CLAIDHEAMH SOLUIS.]

Wyddeleg yn 1895. Bu'n olygydd y papur newydd Gwyddeleg *An Claidheamh Soluis* (Cleddyf y Goleuni) rhwng 1903-1909 a gwelai addysg Wyddeleg fel arf hanfodol i wireddu'i freuddwyd am Iwerddon rydd, Wyddeleg. Defnyddiodd ei holl arian personol a benthyciadau gan eraill yn 1908 i sefydlu Ysgol Wyddeleg St Enda yn Nulyn – ysgol Wyddeleg gyntaf y wlad. Roedd Pádraig yn athro ardderchog mae'n debyg; rhoddodd ei frawd Willie y gorau i'w yrfa fel saer maen a mynd yno yn athro ac felly hefyd y bardd Thomas MacDonagh a Con Colbert. Ymhen amser byddai'r pedwar ohonynt yn chwarae rhan allweddol yng Ngwrthryfel y Pasg.

Cododd Pádraig fwthyn bychan yn Ros Muc, swydd Galway a threuliodd yr hafau yno yng nghanol y gymdogaeth Wyddeleg ei hiaith, gan drwytho'i hun fwyfwy yn niwylliant a thraddodiadau llafar a llenyddol ei wlad. Datblygodd ei grefft fel bardd Gwyddeleg.

Yr Ysgol Wyddeleg yn Nulyn

Gŵr eithaf cymhedrol ei ddaliadau gwleidyddol oedd Pádraig Pearse ar y cychwyn. Cefnogai John Redmond a'r mudiad hunanlywodraeth. Yn raddol, daeth i gredu'n fwyfwy bod yn rhaid wynebu grym yr Ymerodraeth Brydeinig gyda gwrthryfel arfog ac aberth. Credai hefyd nad oedd y cenedlaetholwyr ar y pryd yn rhoi digon o sylw i'r Wyddeleg. Wrth draethu'i araith enwog wrth fedd y Fenian O'Donovan Rossa (pan ddaethpwyd â'i weddillion yn ôl i'w claddu yn Glasnevin, 1 Awst 1915) dywedodd y geiriau cofiadwy ei bod hi'n gyfrifoldeb arnyn nhw i ymladd dros Iwerddon 'nad oedd yn rhydd yn unig, ond yn Wyddeleg yn ogystal; nad yn Wyddeleg yn unig, ond yn rhydd yn ogystal'.

Pádraig Pearse

Ymunodd â'r fyddin gudd, Irish Republican Brotherhood yn 1915 ac yn fuan roedd ar y cyngor rheoli ac yn olygydd eu cylchgrawn *The Irish Volunteer*. Dechreuwyd cynllunio'r gwrthryfel. Smyglwyd gynnau i Ddulyn o'r Almaen a châi rhywfaint ohonynt eu storio yn seler Ysgol St Enda. Perswadiodd Pearse James Connolly a'i fyddin o undebwyr llafur i ddod i ymuno â'u hachos. Ar 24 Ebrill 1916, meddiannodd y lluoedd gweriniaethol nifer o adeiladau'r llywodraeth yn Llundain, gyda Pearse yn Bennaeth y Lluoedd. Gwnaed Swyddfa'r Post yn bencadlys; darllenwyd Datganiad y Weriniaeth y tu allan i'w drysau ac yna wynebu gynnau'r Saeson hyd nes y bu'n rhaid iddynt ildio'n ffurfiol am ddau o'r gloch, 29 Ebrill, 'i arbed lladd rhagor o bobl ddiniwed ac yn y gobaith o arbed bywydau ein dilynwyr'.

Gwyddai'r arweinwyr beth fyddai eu tynged. Cynhaliwyd tribiwnlys milwrol brys gan yr awdurdodau Prydeinig a'u cael yn euog o deyrnfradwriaeth ac o godi mewn gwrthryfel. Cawsant eu condemnio i farwolaeth drwy sgwad saethu. Carcharwyd hwy yn Kilmainham i ddisgwyl y diwedd. Pádraig Pearse oedd y cyntaf i'w ddienyddio a hynny ar 3 Mai 1916, gyda phymtheg arall yn cael eu saethu

*Cornel y dienyddio,
Carchar Kilmainham*

dros yr wythnos ganlynol a'u cyrff yn cael ei daflu i fedd torfol mewn pydew calchog o fewn muriau'r carchar. Trodd y lladd didrugaredd hwn y gwrthryfelwyr yn arwyr cenedlaethol a lledaenodd achos rhyddid Iwerddon fel tân gwyllt drwy'r ynys.

Swyddfa'r Post oedd y 'ffosydd' i Pádraig Pearse a'i gyd-wrthryfelwyr. Yn eu menter a'u safiad, rhoesant achos arall i'r Gwyddelod ymladd drosto. Daeth geiriau olaf Pearse yn y doc yn ystod y tribiwnlys yn gri i'r gad: 'Mae'n ymddangos ein bod wedi colli'r dydd; nid ydym wedi colli'r dydd. Gwrthod ymladd fyddai colli'r dydd; gan ein bod wedi ymladd, rydym wedi ennill. Rydym wedi cadw ffydd gyda'r gorffennol ac wedi cyflwyno'r traddodiad i'r dyfodol.'

Cyfansoddodd Pádraig Pearse straeon a cherddi mewn Gwyddeleg a Saesneg. Ymysg y cerddi a adawodd ar ei ôl i ysbrydoli'r genhedlaeth nesaf yr oedd 'The Mother' (Y Fam), 'The Rebel' (y Rebel) a 'Mise Éire' (Myfi yw Iwerddon).

Cyfansoddodd 'Y Fam' yn ei gell yn Kilmainham, noswyl ei ddienyddiad.

Y Fam

Nid wyf yn gwarafun iddynt: Arglwydd, nid wyf yn gwarafun
Fy nau fab a welais yn mynd allan
A gweld tocio'u nerth a'u marwolaeth, hwy a'r ychydig,
Mewn protest waedlyd dros rywbeth ysblennydd.
Byddant yn destun sgwrs ymysg eu pobl,
Bydd y cenedlaethau'n cofio amdanynt,

Byddant yn dwyn eu bendith;
Ond byddaf innau'n yngan eu henwau wrth fy nghalon
Drwy'r nosweithiau hirion;
Yr enwau bychain oedd mor gyfarwydd unwaith
Ar fy aelwyd gelain.
Arglwydd, rwyt ti'n galed ar y mamau:
Rydym yn dioddef wrth eni ac wrth alaru;
Ac er nad wyf yn gwarafun iddynt, llesg, llesg
Yw'r gofid hir – Ac eto mae imi lawenydd:
Bu fy meibion yn driw, gan ymladd i'r diwedd.

Y Rebel
(detholiad)

Mae'r plant y bûm yn chwarae gyda hwy, y dynion
    a'r gwragedd y bûm yn cyd-fwyta â hwy,
Yn byw dan sawdl meistri, yn byw dan chwip y meistri...

Wyf gnawd o gnawd yr isel hyn, wyf asgwrn o'u hesgyrn,
Wyf ddi-ildio fyth;
Wyf gryfach fy enaid nac eneidiau meistri fy mhobl,
Wyf yn gweld, yn proffwydo ac yn siarad â thafod dân,
Wyf wedi siarad â Duw ar gopa'i fryn sanctaidd.
A chan fy mod yn hanu o'r bobl, rwy'n eu deall,
Wyf drist oblegid eu tristwch, wyf newynog dros eu dyhead:
Mae fy nghalon yn drom gan alar mamau,
Mae fy llygaid yn llawn gan ddagrau plant ...

Ac rwy'n dweud wrth feistri fy mhobl: Gochelwch,
Gochelwch yr hyn sydd ar ddod, gochelwch werin eofn
Fydd yn cymryd yr hyn na fynnwch chi ei roi,
A dybiech fod gorchfygu pobl,
Fod cyfraith gwlad yn gryfach na bywyd a dyhead i fod yn
rhydd?

Mise Éire

Mise Éire:
Sine mé ná an Chailleach* Bhéarra

Mór mo ghlóir:
Mé a rug Cú Chulainn cróga.

Mór mo náir:
Mo chlann féin a dhíol a máthair.

Mór mo phian:
Bithnaimhde do mo shíorchiapadh.

Mór mo bhrón:
D'éag an dream inar chuireas dóchas.

Mise Éire:
Uaigní mé ná an Chailleach* Bhéarra.

Myfi yw Iwerddon

Myfi yw Iwerddon:
Rwy'n hŷn na hen wreigan Beare*.

Mawr fy nghlod:
Ganwyd Cuchulainn ddewr ohonof.

Mawr fy nghywilydd:
Gwerthodd fy mhlant eu mam eu hunain.

* Hen wraig chwedlonol oedd yn cynrychioli Iwerddon a'i hanes a'i
    thraddodiadau.

Mawr fy mhoen:
Archelyn sy'n fy erlid beunydd.

Mawr fy mhrudd-der,
Bu farw'r criw yna y rhois fy ffydd ynddynt.

Myfi yw Iwerddon:
Rwy'n fwy unig na hen wreigan Bearne.

Doedd gan Pádraig Pearse ddim llawer o gydymdeimlad gyda gwleidyddion Iwerddon na chwaith gyda llenorion y sefydliad yn Nulyn oedd yn mynnu defnyddio Saesneg ac agweddau Seisnig wrth drefnu eu cymdeithasau a'u theatrau a'u cyhoeddiadau. Roedd yn eu cyhuddo o fod yn wrthgenedlaethol ac yn wawdlyd o'r Wyddeleg a'i threftadaeth. Ei ddisgrifiad o W. B. Yates oedd 'a mere English poet'. Mae'n eironig efallai mai'r bardd hwnnw efallai a ganodd un o gerddi mwyaf y gwrthryfel yn Iwerddon – Easter, 1916. Wedi cyfaddef iddo fod yn ysgafn o'r

Cerflun yr elyrch yng Ngerddi Coffa Rhyfel Annibyniaeth Iwerddon yn Nulyn

Volunteers wrth eu gweld yn sgwario ac yn swagro yn eu hanner lifrai, ac wedi mwynhau'r fraint o wawdio'r cenedlatholwyr o foethusrwydd ystafelloedd cysurus ei glwb, mae'n datgan bod popeth wedi newid ar ôl dienyddio'r arweinwyr. Dyma eiriau olaf y gerdd:

For all that is done and said.
We know their dream; enough
To know they dreamed and are dead;
And what if excess of love
Bewildered them till they died?
I write it out in a verse
MacDonagh and MacBride
And Connolly and Pearse
Now and in time to be,
Wherever green is worn,
Are changed, changed utterly:
A terrible beauty is born.

Y Cyfranwyr

Eilidh NicGumaraid

Merch a aned ar Ynys Skye yn 1982 ond bu'n byw ac yn gweithio oddi yno hyd 2009 pan ddychwelodd yn ystod blwyddyn gyntaf *Homecoming Scotland*. Astudiodd yn y Coleg Gaeleg, Sabhal Mòr Ostaig, ar Skye hyd 2013 gan raddio mewn Iaith a Diwylliant Gaeleg. Mae'n gweithio mewn derbynfa gwesty ac yn cyfieithu ac yn cyfansoddi nofelau mewn Gaeleg a Saesneg.

Naomi Jones

Graddiodd mewn Hanes ym Mhrifysgol Aberystwyth gan gwblhau MA mewn Hanes Cymru. Mae ganddi ddiddordeb arbennig mewn hanes cymdeithasol a'r berthynas rhwng treftadaeth a hunaniaeth. Bu'n gweithio i Awdurdod Parc Cenedlaethol Eryri ers 2007, bellach fel Rheolwr Prosiect Yr Ysgwrn. Mae'n enedigol o Gricieth ac yn byw erbyn hyn yn Llanystumdwy.

Myrddin ap Dafydd

Bardd a chyhoeddwr yn enedigol o Ddyffryn Conwy ac yn byw yn Llŷn. Enillodd ddwy gadair genedlaethol a chyhoeddodd nifer o gyfrolau o farddoniaeth – *Blodau Gwanwyn, Blodau Gwyn* yw'r ddiweddaraf. Roedd yn Fardd Plant cyntaf Cymru yn 2000-01. Mae'n gyd-berchennog Gwasg Carreg Gwalch ac oriel Tonnau ym Mhwllheli ac yn rhan o gwmni bragu annibynnol Cwrw Llŷn.

Llifon Jones

Yn wreiddiol o Felin-y-coed ger Llanrwst ond bellach wedi ymgartrefu yn y Gaerwen ar Ynys Môn. Enillodd radd BA mewn Cymraeg a Hanes ym mhrifysgol Bangor ac mae wrthi ar hyn o bryd yn astudio cwrs MA, gan fanylu ar ddramâu Cynan a phortreadau dramayddol o arweinwyr crefyddol Cymraeg. Prif ddiddordebau yw darllen, ysgrifennu, ymchwilio a chymdeithasu ar y we, hanes a gwleidyddiaeth.

Ceridwen Lloyd-Morgan

Cyn-bennaeth llawysgrifau a delweddau gweledol yn y Llyfrgell Genedlaethol, lle y bu hi'n gyfrifol am y llawysgrifau ac archifau Llydewig, ac mae hi'n dal i gydweithio ar wahanol brosiectau gydag ymchwilwyr yn y CRBC (y Ganolfan Ymchwil Llydewig a Cheltaidd) ym Mhrifysgol Gorllewin Llydaw, Brest. Cyhoeddodd erthyglau yn Gymraeg, Ffrangeg a Saesneg ar lenyddiaeth a chelf weledol Cymru a Llydaw. Yn wreiddiol o Dregarth, mae hi'n byw ar ben mynydd yng ngogledd Ceredigion.

Tim Saunders

Bardd, nofelydd, newyddiadurwr a darlledwr sy'n byw yng Nghaerdydd. Awdur *Teithiau, Cliff Preis – Gohebydd Arbennig, An Leghwesyon/The slaters* ac ambell gyfrol arall. Derbyniodd ei addysg yn Aberystwyth a nifer o leoedd eraill. Mae'n dad i'r cantoresau Gwenno ac Ani, ac i'r dilynwr pêl-droed Meirion ac yn briod â'r llyfrgellydd a'r achydd Ceridwen.

Cyfrolau eraill ar y Rhyfel Mawr:

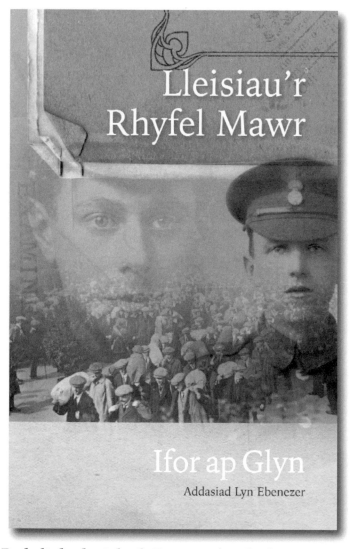

Detholiad o dystiolaeth Gymraeg o'r cyfnod
Llythyrau... Dyddiaduron personol... Erthyglau papur newydd...

Hanes y Rhyfel mewn un Pentref ym Môn

– y colledion a'r rhwygiadau yn y gymdeithas

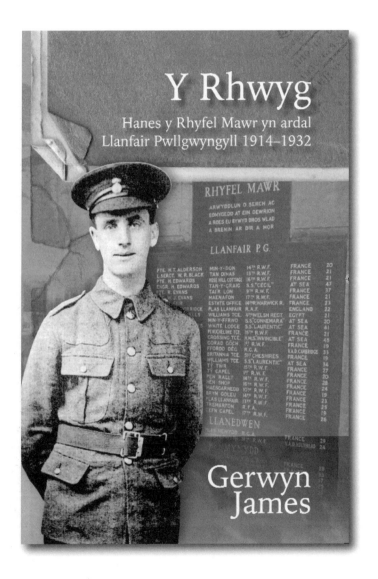

Y Rhwyg

Hanes y Rhyfel Mawr yn ardal
Llanfair Pwllgwyngyll 1914–1932

Gerwyn
James

Recriwtio i'r Fyddin yng ngogledd-orllewin Cymru
– y dulliau a ddefnyddiwyd er mwyn denu'r Cymry
Cymraeg i'r Rhyfel

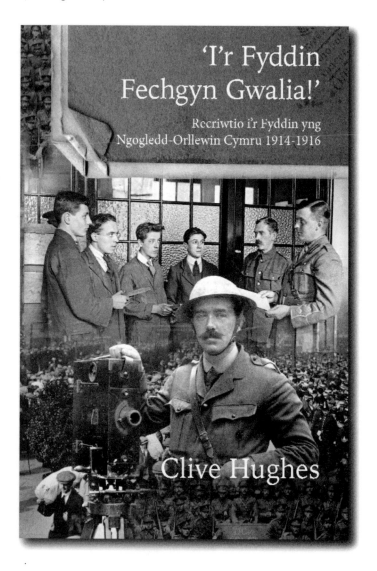

'I'r Fyddin
Fechgyn Gwalia!'

Recriwtio i'r Fyddin yng
Ngogledd-Orllewin Cymru 1914-1916

Clive Hughes